Psicoterapia corporal

Bases teóricas de la práctica

Psicoterapia corporal

Bases teóricas de la práctica

Fernando Ortiz Lachica

Casa abierta al tiempo

UNIVERSIDAD AUTÓNOMA METROPOLITANA

Título de la obra: *Psicoterapia corporal. Bases teóricas de la práctica*

Primera edición: Noviembre 2016, Ciudad de México

© Universidad Autónoma Metropolitana
   Prolongación Canal de Miramontes 3855
   Col. Ex Hacienda de San Juan de Dios
   Delegación Tlalpan, C.P. 14387
   Ciudad de México

   Unidad Iztapalapa
   Departamento de Sociología
   San Rafael Atlixco Núm. 186
   Col. Vicentina, Iztapalapa 09340, Ciudad de México
   Edificio "H", Primer Piso, Cubículo 101
   Tel: 5804-4788; Tel/Fax: 5804-4755
   Correo: polis_iztapalapa@yahoo.com.mx

Reservados todos los derechos

© Editorial Pax México, Librería Carlos Cesarman, S.A.
   Av. Cuauhtémoc 1430
   Col. Santa Cruz Atoyac
   México DF 03310
   Tel. 5605 7677
   Fax 5605 7600
   www.editorialpax.com

ISBN UAM 978-607-28-0888-1
ISBN PAX 978-607-9472-27-6

Impreso en México / *Printed in Mexico*

El presente libro ha sido dictaminado de manera positiva por pares académicos ciegos y externos a través del Comité Editorial del Departamento de Sociología de la Universidad Autónoma Metropolitana, Unidad Iztapalapa. Este Órgano Colegiado liberó la obra para su publicación al cumplir a cabalidad con los requerimientos académicos establecidos en el artículo 4to. de sus Lineamientos Editoriales.

Fecha de recepción de la obra: 10 de abril de 2015

Fecha de aceptación: 27 de mayo de 2016

Este texto se privilegia con el aval de la institución coeditora.

Casa abierta al tiempo

UNIVERSIDAD AUTÓNOMA METROPOLITANA

Rector General
DR. SALVADOR VEGA Y LEÓN

Secretario General
M. EN C. Q. NORBERTO MANJARREZ ÁLVAREZ

UNIDAD IZTAPALAPA

Rector
DR. J. OCTAVIO NATERAS DOMÍNGUEZ

Secretario
DR. MIGUEL ÁNGEL GÓMEZ FONSECA

Directora
de la División de Ciencias Sociales y Humanidades
DRA. JUANA JUÁREZ ROMERO

Jefe del Departamento de Sociología
DR. JUAN MANUEL HERRERA CABALLERO

Coordinadora General del Consejo Editorial
de Ciencias Sociales y Humanidades
DRA. ALICIA LINDÓN VILLORIA

Asistente Editorial del
Departamento de Sociología
MTRA. ERIKA GRANADOS AGUILAR

ÍNDICE

AGRADECIMIENTOS

Escribir un libro parecería ser una labor solitaria, algo que uno hace frente a una computadora, en una mesa de trabajo con libros apilados por todas partes. En realidad, estas páginas son el resultado de la interacción con muchas personas.

En primer lugar, quiero agradecer a los maestros que más contribuyeron a mi formación: Roberto Navarro, Teresa Lartigue, Diana Villaseñor, Héctor Kuri, John Pierrakos, Luciano Rispoli, Ron Kurtz y Donna Martin.

En todos estos años también he aprendido de mis colegas y alumnos. Si tratara de hacer una lista de todas esas personas, correría el riesgo de omitir a muchas. A todas ellas, mi gratitud.

Una primera versión de este trabajo fue mi tesis doctoral. Realizarla no hubiera sido posible sin la dirección de la doctora Blanca García y García. Siempre estuvo dispuesta a ayudarme con comentarios acertados, críticas constructivas y apoyo en los momentos difíciles por los que pasa todo tesista. Mi gratitud también para los revisores de esa tesis: Luis Álvarez Colín, Gabina Villagrán y José Francisco Fernández.

Para la realización de esa tesis entrevisté a cinco personas que aparecen en el texto con pseudónimos: ¡Muchas gracias Deyanira, Eugenia, Marisa, Nadia y Gerardo! Fue un placer hablar con ustedes de temas que tanto nos interesan.

En el doctorado de la Universidad de las Américas encontré amigos entrañables: los ahora doctores Alejandra Elizalde, Mónica Sesma, Sandra Marco, Ismael Díaz y Jaime de la Torre.

Tanto la tesis como este libro no hubieran sido posibles sin el apoyo de las autoridades y compañeros de la Universidad Autónoma Metropolitana, en particular quienes integran el área de Acción Colectiva e Identidades Emergentes. Mi agradecimiento especial a la Jefa de Área, Doctora Angélica Bautista, que impulsó la publicación de esta obra.

En el proceso de edición de este libro siempre conté con el apoyo de la Maestra Erika Granados, Asistente Editorial del Departamento de

Sociología de la UAMI, y, por parte de Editorial Pax, del Arquitecto Gerardo Gally y la Licenciada Danú Hernández. Agradezco también los comentarios y sugerencias de las dos personas que dictaminaron esta obra. Asimismo, la excelente labor de Gilda Moreno en cuanto a correción de estilo.

Por último, mi agradecimiento a Mónica, mi esposa, quien pacientemente leyó las primeras versiones de cada uno de los párrafos de este libro y, en todo momento, me apoyó con su amor.

INTRODUCCIÓN

El objetivo de este trabajo es integrar 40 años de experiencia en el campo de la psicoterapia corporal, primero como paciente y estudiante, posteriormente como psicoterapeuta y formador de psicoterapeutas. No es una tarea fácil. Tan sólo en Europa se practican más de 30 modalidades de psicoterapia corporal (Young, 2008), y esta disciplina se continúa y se confunde con la educación somática.[1] Se trata de un campo muy complejo, en el que cada terapeuta hace su propia síntesis de ideas y técnicas con resultados que pueden ser creativos y eficaces o confusos y limitados. Los profesionales que se identifican con esta corriente suelen conocer una o dos modalidades e ignorar o tener una visión parcial de otras escuelas y de la historia, conceptos y modelos que fundamentan la inclusión del cuerpo y el movimiento en la psicoterapia.

En las últimas dos décadas se ha avanzado en tender puentes entre los profesionales y las escuelas de diferentes países mediante congresos, revistas especializadas y libros colectivos. Las diferencias entre las corrientes son tantas que Marlock y Weiss (2005), editores del *Handbuch der Körperpsychotherapie*[2] (Tratado de psicoterapia corporal), afirman que la psicoterapia corporal no existe como un campo unificado ni en lo teórico ni en lo clínico. En cambio, hay una pluralidad de posturas que resulta difícil conciliar, ya que de ellas se desprenden las preguntas que se formulan, los eventos a los que se pone atención y las intervenciones que se hacen. Por eso, dentro de esta corriente algunas teorías y prácticas terapéuticas son diametralmente opuestas (May, 2005).

Los estudiantes de psicoterapia corporal pueden limitarse a los conceptos, métodos y técnicas de una escuela en particular, volviéndose copias cada vez más difusas de sus maestros, en tanto que aquellos que pretenden estudiar otras modalidades suelen encontrar que no es fácil

---

[1] Este punto se tratará con detalle en el capítulo 1.

[2] Libro publicado en alemán y en proceso de traducción al inglés.

hacer una síntesis coherente de lo aprendido. En México, por ejemplo, el término "corporal" es aún, para muchos terapeutas, sinónimo de una forma de trabajo que necesariamente conlleva gritos y golpes, al grado de que muchas personas, tanto dentro como fuera del ámbito profesional, nada quieren saber de ese enfoque, o lo buscan para encontrar trabajo catártico.

Si bien se han publicado miles de textos acerca del tema (la Asociación Europea de Psicoterapia Corporal, EABP por sus siglas en inglés), distribuye un CD con los títulos y resúmenes de más de 4000 ítems, entre artículos especializados, libros, capítulos de libros y documentales al respecto), la mayoría de ellos han aparecido en revistas de poca difusión, se refieren a un enfoque particular y no se encuentran en bases de datos accesibles. Además, muchos estudiantes y profesionales de la psicoterapia corporal sólo leen los textos "oficiales" de la escuela en la que se formaron (Young y Westland, 2014a) –y a veces ni siquiera estos–, por lo que no tienen una idea precisa del sustento teórico y metodológico de su trabajo. El característico psicoterapeuta corporal no se cuenta entre los lectores de revistas especializadas y, en muchos casos, tampoco de textos teóricos clásicos o contemporáneos. Le interesa más tomar cursos o aprender técnicas para cada ocasión, o incluso procedimientos que sirvan para todo y para todos, sin ponerlos en el contexto de un proyecto terapéutico en el que queden claros el método y la estrategia y sin conciencia del sustento teórico de su trabajo. Tal vez ese sea el caso de la mayoría de los psicoterapeutas de todas las orientaciones. Como bien dicen Young y Heller (2000), la psicoterapia es un oficio[3] –es decir, un conjunto de habilidades especializadas– y no una ciencia. Aunque como oficio tiene mucho que aportarle a la ciencia (en este caso, la psicología), debería incorporar también la información científica con objeto de contar con un sustento teórico más coherente, así como con métodos y técnicas más eficaces y eficientes.

En resumen, la tarea de integrar conocimientos y experiencias en la psicoterapia corporal presenta varias dificultades debido a:

• La gran cantidad de escuelas que existen.

---

[3] Tal vez la posición de Young y Heller parezca exagerada. Podríamos acotarla afirmando que la mayoría de los psicoterapeutas ejercen su profesión sin tener una formación científica, y que esta no parece interesarles.

- El hecho de que el campo se continúa con el de la educación somática.
- La poca difusión y difícil acceso a muchos de los textos, tanto artículos como libros.
- El que muchos estudiantes y profesionales sólo leen los textos oficiales de la escuela en la que se formaron.
- El énfasis en la experiencia práctica.

¿Por dónde avanzar?

Si la psicoterapia en general y la psicoterapia corporal en particular se enseñan y practican como un oficio y no de acuerdo con las reglas de la investigación científica, el primer objetivo de este trabajo es exponer las bases teóricas y procedimientos de esta última corriente. Se trata de organizar y darle coherencia a la información relativa a la teoría y la práctica de la psicoterapia corporal. Esto implica presentar un panorama general de la actualidad y la historia de la disciplina, para después hablar de los conceptos y los procedimientos de manera genérica, de tal suerte que en ellos se puedan incluir los correspondientes a cualquier escuela.

Este objetivo puede parecer superfluo tomando en cuenta la cantidad de publicaciones en torno a la psicoterapia corporal, pero en realidad, son pocas las que intentan comparar las teorías o los métodos y técnicas o delimitar los conceptos comunes a todas las modalidades.[4] En cambio, la mayoría de los autores defienden su propia posición, y/o analizan algún aspecto teórico específico ilustrándolo con casos clínicos.[5]

---

[4] Esta situación ha cambiado en los últimos 15 años. Afortunadamente, se observa más comunicación entre las escuelas y varios autores han escrito sobre psicoterapia corporal en general, entre los que destacan Apoyshian (2004), Caldwell (1997b), Heller (2001, 2012), Marlock y Weiss (2005), Young (2005a, 2005b, 2005c, 2005d, 2008) y Young y Westland (2014a, 2014b). Cada uno de sus textos ha aportado mucho a este trabajo.

[5] Esta información parte de la revisión de los títulos de los 3700 ítems del CD de la EABP (la mayoría de los cuales no tiene sinopsis), así como de las sinopsis y, en muchos casos, los textos de los artículos del *USABP Journal* y los *abstracts de Body, Movement and Dance in Psychotherapy*.

Por tanto, mi aportación será organizar el conocimiento buscando ir más allá del lenguaje especializado de cada escuela para enmarcar diversos conceptos en un esquema que podría calificarse de metateoría y análisis de los procedimientos (métodos y técnicas).

Al abocarme en imprimir orden y coherencia a la información dispersa en numerosas publicaciones e investigar a los psicoterapeutas, me propuse contribuir a mejorar la formación de los psicoterapeutas corporales de habla hispana, quienes en ocasiones pueden adoptar las enseñanzas de una escuela sin crítica alguna, o bien, confundirse entre los conceptos y prácticas de varias. La intención es ofrecer elementos para construir un marco teórico que sustente su ejercicio profesional, más allá del deseo natural en algunos poco experimentados de aprender técnicas aplicables para cada uno de los casos, o procedimientos que sirvan para todo y para todos.

Ante la diversidad del campo y las características de la formación de psicoterapeutas –en especial el énfasis en la práctica en detrimento de la teoría y el hecho de que la enseñanza esté, en muchas ocasiones, limitada por las preferencias particulares de los maestros–, también abordaré la experiencia de formación y práctica de los psicoterapeutas corporales mexicanos, con base en la mía propia y en un trabajo de investigación (Ortiz, 2009a, 2009b), en el que entrevisté a cinco psicoterapeutas mexicanos. Esta información se pondrá en el contexto tanto de la formación de psicoterapeutas corporales en otros países como del entrenamiento de este tipo de profesionales en general.

Emprendí la tarea de integrar conocimiento y experiencia, y hacer una reflexión crítica sobre el campo y mi trayectoria profesional, en 1985, al pensar en un plan de estudios para formar psicoterapeutas corporales, en el que la teoría y la práctica de la psicoterapia corporal se sustentaran en la teoría psicoanalítica de la cual se derivaron y se nutrieran de los aportes del psicoanálisis contemporáneo y otras teorías psicológicas. Este trabajo de integración, nutrido por las discusiones con colegas y discípulos, originó publicaciones tanto de divulgación (Ortiz, 1989, 1990) como especializadas (Ortiz, 1992a, 1992b, 1992c, 1993a, 1993b, 1996, 1998b) y culminó en 1994 con la elaboración de la tesis *Terapia psicocorporal y psicoanálisis,* que presenté para obtener el grado de maestría en psicología, con especialidad en psicología clínica, en la Universidad Iberoamericana. En este trabajo incluí los artículos citados de fecha previa a su presentación, ponencias inéditas presentadas en congresos, y algunas aportaciones de psicoterapeutas corporales contemporáneos, que no fueron discípulos de Reich. Con algunas modificaciones, se publicó como *La relación cuerpo-mente. Pasado, presente y futuro de la terapia psicocorporal*[6] (Ortiz, 1999).

En los años transcurridos desde la publicación de ese libro, tuve la oportunidad de estudiar Psicoterapia Funcional con Luciano Rispoli y el Método Hakomi con Ron Kurtz. Ambos son creadores de sus respectivas modalidades, han escrito varios libros y fueron distinguidos por las asociaciones regionales a las que pertenecen. Entre 1999 y 2008 fui miembro del Comité Científico Internacional de Psicoterapia Corporal y asistí y presenté trabajos en los congresos internacionales de Ischia (2002), Sao Paulo (2005) y París (2008). Esto me permitió hablar o intercambiar ideas por correo electrónico sobre el tema que me ocupa con algunos de sus más reconocidos exponentes, gracias a lo cual en algunas partes de este trabajo, en particular en el capítulo 1, abundan referencias a comunicaciones personales. En los últimos años he publicado otros textos especializados (Ortiz, 2007a, 2007b, 2010).

En 2011, en la Universidad de las Américas obtuve el doctorado en psicología con la tesis *La experiencia de formación de los psicoterapeutas corporales*, en la que se basa este libro.

Dedico tantas palabras a hablar de mi experiencia debido a que este trabajo, como todas las investigaciones, tiene un sesgo que espero explicitar. Muchas veces, sobre todo en los primeros años de mi formación y práctica, me sentí confundido ante la diversidad de conceptos, teorías, métodos y técnicas que encontraba.

En principio, este trabajo es resultado de mi esfuerzo por encontrar orden en un campo que parecía caótico y espero que ayude a los lectores para el mismo fin.

Su contenido obedece a los objetivos antes planteados. En el capítulo 1 se presenta un panorama general de la psicoterapia corporal. El propósito central es delimitar el campo y dar cuenta de la diversidad de

---

[6] En el momento de entregar el original a la editorial "terapia psicocorporal" y "psicoterapia corporal" eran sinónimos, al menos en México. Ahora la primera expresión se suele reservar para métodos que trabajan con el cuerpo, pero que no incluyen el material que suele considerarse psicológico. Este punto se tratará en el capítulo 1.

modalidades de esta corriente psicoterapéutica, así como sus causas y consecuencias. También se trata la comunicación entre las diferentes escuelas por medio de congresos y las publicaciones especializadas.

En el capítulo 2 se aborda la historia y las grandes tendencias de la psicoterapia corporal en diferentes momentos, desde fines del siglo XIX hasta la actualidad. De este modo se comprenderá la falta de unificación en el campo, tema tratado en el capítulo anterior, y se sentarán las bases para exponer los conceptos y formas de intervención analizados en capítulos posteriores.

En el capítulo 3 se proponen conceptos de amplitud suficiente para incluir las particularidades de las diferentes escuelas. El intento es, desde luego, sesgado. El lector podrá apreciar los acuerdos y desacuerdos con las propuestas de las diversas escuelas en las que me he formado y se percatará de los errores y omisiones que muy probablemente haya cometido en lo que respecta a las escuelas que sólo conozco por haber leído algunos libros o artículos. Además, resultaría imposible incluir todas las escuelas en esta revisión.

El capítulo 4 trata sobre los métodos y las técnicas de psicoterapia corporal. Asimismo, se revisan los factores comunes a las psicoterapias (Hubble, Duncan y Milner, 1999/2002) y su posible relación con la corriente que nos ocupa, poniendo especial énfasis en la relación terapéutica.

El capítulo 5 se dedica a la formación e identidad de los psicoterapeutas corporales; y, por último, en el capítulo 6 toco el tema de la formación de los psicoterapeutas en México incluyendo un resumen de la investigación que realicé con entrevistas a cinco psicoterapeutas mexicanos.

Una aclaración final: pensando en facilitar la lectura de este libro, algunos datos se repiten en diferentes capítulos, ya que es imposible separar la historia, la teoría, la práctica y la formación de terapeutas de cualquier corriente.

CAPÍTULO I

PANORAMA GENERAL DE LA PSICOTERAPIA CORPORAL

Introducción

Para muchas personas, el término psicoterapia quiere decir "cura por el habla". En una sesión típica, las personas hablan acerca de sus problemas, de sus relaciones de pareja, de su vida cotidiana o simplemente dicen lo que les venga a la consciencia, al tiempo que un profesional hace interpretaciones, confronta, señala o únicamente escucha sin juzgar. De esta forma funge como espejo, lo que al final consigue que las personas se sientan mejor y se conozcan a sí mismas. La mayoría de los psicoterapeutas piensa que lo que importa es lo que la persona dice, como un reflejo de lo que pasa en su mente, mientras que la comunicación no verbal de sus consultantes sólo proporciona datos que sirven para corroborar o contradecir su discurso. Tanto los movimientos de los consultantes y psicoterapeutas como el contacto físico entre ellos se restringen a lo que convencionalmente puede esperarse en cualquier conversación. Asimismo, aunque se hable de las relaciones entre el cuerpo y la mente (Sykes Wylie, 2004; Anderson y Gehart, 2007), queda claro que la última tiene primacía en el marco teórico en el que se basa el trabajo y en la atención del profesional.

Tal vez esta sea una de las principales razones por las que la psicoterapia corporal no ha alcanzado el reconocimiento y la aceptación de los que gozan otras corrientes psicoterapéuticas. La dicotomía mente-cuerpo ha dictado que a la psicoterapia corresponde el ámbito de lo mental, en tanto que el cuerpo debe ser tratado por otro tipo de profesionales. Esto ha empezado a cambiar, al grado que aun en el campo de las psicoterapias convencionales se empieza a valorar el trabajo con el cuerpo. Para cualquier terapeuta, sea cual sea su orientación, resulta de gran utilidad aprender a estar atento al propio cuerpo y a "leer" el de los consultantes (Hatfield, Cacciopo y Rapson, 1994; Sykes Wylie, 2004) como a "activar la experiencia", es decir, incorporar algún tipo de acción motora o corporal a la "cura por el habla" (Marlock y Weiss, 2005). Al poner atención a nuestra experiencia corporal en el presente, puede emerger un intenso sentido de los contenidos de la sesión, así como de la vida (Gendlin 1981, 1996/1999; Fisher, 2004; Goodrich Dunn, 2004).

La psicoterapia corporal en el ámbito de la somática

El ámbito de la psicoterapia corporal es complejo y, por tanto, no es fácil delimitar esta disciplina. Para empezar, ni siquiera existe consenso en cuanto a la forma en que se debe designar a esta rama de la psicoterapia. En inglés, se utilizan las expresiones *Body-oriented Psychotherapy*, *Body Psychotherapy, Body-centered Psychotherapy y Somatic Psychology* para designar una serie de métodos o modalidades[1] psicoterapéuticas que trabajan con el cuerpo. Si bien estas se han agrupado con fines de reconocimiento profesional, se hace hincapié en las diferencias entre sus respectivos enfoques, entre sus métodos y técnicas y entre los términos empleados para referirse tanto a los principios que sustentan su trabajo como a los procedimientos que emplean (Heller, 2012; Ortiz, 1999, 2007b; Young, C., 2005a). Según Young y Westland (2014a), hasta la mitad de la década de 1990, las diferentes escuelas de psicoterapia corporal se veían a sí mismas como competidoras y no cooperaban con las otras, con la certeza de que su método era mejor que todos los demás.

Para complicar aún más la cuestión, los métodos y técnicas de la psicoterapia corporal pueden coincidir con los de las disciplinas que trabajan con el cuerpo-mente –sin ser psicoterapias–, las cuales se conocen en conjunto como somatoterapias, *somatics*, terapias psicocorporales o *bodywork* y, más recientemente, educación somática. Se incluyen también

---

[1] Courtenay Young, quien fuera presidente de la Asociación Europea para la Psicoterapia Corporal (EABP, por sus siglas en inglés), utiliza la palabra modalidad para referirse a las diferentes escuelas de esta corriente.

disciplinas orientales, como las diferentes variedades de yoga, el Tai Chi Chuan y el Chi Kung; diversas formas de masaje; danzaterapia; fisioterapia; artes marciales; medicina alternativa, buscando bienestar emocional, independientemente de su origen, bases teóricas, métodos y técnicas (Caldwell, 1997b; Joly, 2008; Ortiz, 1999, 2007a, 2007b).

Muchas modalidades de psicoterapia corporal se han alimentado de este conjunto amplísimo de disciplinas, y a veces se confunden con él;[2] esto les da una gran riqueza, aunque a la vez puede provocar confusión en la teoría y en la práctica.

Existen muchas escuelas e institutos de somatoterapias en los que se aplican innumerables métodos y técnicas de movimiento, respiración, masaje y manejo de energía. Algunos cuentan con programas de formación y acreditación bien establecidos, como el Método Feldenkrais (1972), y otros los enseñan, digamos, de forma artesanal. Sin duda, cada una de estas escuelas puede hacer que las personas se sientan mejor y conozcan aspectos de sí mismas, pero insisto, la mayoría de ellas no pretenden aplicar "psicoterapias". Aun así, podemos hablar de un continuo en el que en un extremo se sitúan las escuelas de psicoterapia, que intervienen tanto en el plano psicológico como en el corporal, y que cuentan con un marco teórico "psicológico" que sustenta al método y a las técnicas utilizadas. En el otro extremo se ubica una gran cantidad de procedimientos con técnicas específicas que sólo se ocupan del cuerpo y no pretenden trabajar con la materia que tradicionalmente ha sido campo de la psicología, aun cuando de hecho mejoren la sensación general de bienestar, la autoimagen, etcétera. Podemos agrupar estas escuelas dentro de la educación somática (Joly, 2008), también conocida como somatoterapia o bien, llamarlas en conjunto terapias psicocorporales; sin embargo, muchos profesionales todavía usan estos términos indistintamente (Ortiz, 1999). También hay modalidades difíciles de ubicar en uno u otro grupo, y al menos una, la integración postural, que se ha enseñado y se practica en México, tiene una versión somática: *Postural Integration*, y una psicoterapéutica, *Psychoterapeutic Postural Integration*.[3]

---

[2] En Europa la búsqueda de identidad y reconocimiento oficial de los psicoterapeutas corporales los ha llevado a diferenciarse claramente de las terapias.

[3] Véase http://www.posturalintegration.info/English1.html, consultada el 19 de noviembre de 2008.

Las diferentes formas de designar al conjunto de estas prácticas dan cuenta de la falta de delimitación del campo y la inclinación de diferentes profesionales y escuelas por incluir técnicas procedentes de cualquier tipo de disciplina en su práctica profesional. Así, encontramos psicoterapeutas corporales que también se han formado como masajistas, educadores somáticos, sanadores espirituales, maestros de yoga e incluso muchos de ellos han creado escuelas haciendo una síntesis de métodos provenientes de las más diversas tradiciones (Burns, 2008; Caldwell, 1997a; Ortiz, 1999).

A fin de cuentas, la distinción entre una escuela o modalidad de psicoterapia corporal y una de somática no es muy clara[4] y puede estar en función de que:

- La psicoterapia corporal basa su trabajo en una teoría psicológica, o bien crea sus propios marcos teóricos, aunque a veces sean muy sencillos.

- Las escuelas de psicoterapia corporal pueden trabajar tanto desde el modelo médico, diagnosticando trastornos mentales, como desde el modelo educativo, aunque no sea de un modo totalmente consciente (Eisenberg, 2007); en cambio, los educadores somáticos suelen basarse en modelos educativos.

- Tanto la somática como la psicoterapia corporal trabajan con el cuerpo por medio de la respiración, el movimiento o la postura como un fin en sí mismo; sin embargo, la psicoterapia corporal suele utilizar al cuerpo como una vía de acceso para que se produzca material "psicológico" como recuerdos, creencias o emociones, a la vez que los profesionales que la practican están preparados y dispuestos a trabajar con este material si es que surge durante la sesión (Caldwell, 1997; Kurtz, 1990; Kurtz, y Minton, 1997; Staunton, 2002; Ogden, Minton y Pain, 2006). En contraste, a menudo los terapeutas somáticos (fisioterapeutas, masajistas, entre otros) no están preparados para manejar el material que emerge cuando trabajan con el cuerpo (Boyensen, 2001).

---

[4] Según Young y Westland (2014a), la delimitación entre ambas disciplinas ha contribuido al reconocimiento de la psicoterapia corporal como profesión en los países de la Unión Europea.

Dependiendo de estos factores, cada escuela en general, y cada practicante en lo particular, puede estar más cerca de uno u otro extremo. Algunos están interesados en que su trabajo quede inscrito en uno u otro campo (Young, 2005a), pero otros más no se preocupan por ello.[5] En los últimos años, debido a que cada una de estas disciplinas ha hecho aportaciones importantes al estudio de la compleja relación entre el cuerpo y la mente (o para decirlo mejor, a la comprensión de un todo que incluye ambos aspectos), se ha englobado a estas dos disciplinas bajo la denominación de psicología somática (Aposhyan, 2004).

Definición

A pesar de este complejo panorama, o quizá debido a él, se ha intentado definir la psicoterapia corporal. Todas las definiciones coinciden en que en esta corriente se "corporaliza" la vida mental, es decir, que se buscan equivalencias, interrelaciones o interfases entre el ámbito tradicionalmente considerado "psicológico" y el corporal (Marlock y Weiss, 2005; Ortiz, 2007a), pero no siempre hay consenso en cuanto a las otras características que delimiten el campo. Por ejemplo, la creencia en un tipo de energía psicocorporal que se bloquea como resultado de los conflictos y carencias de los primeros años de la vida es central para las escuelas surgidas en la década de 1970 o antes, mientras que es secundario o ni siquiera se menciona en las que aparecieron después de esas fechas (Heller, 2001; Marlock y Weiss, 2005). En la página web de la EABP (http://www.eabp.org/, consultada el 2 de octubre de 2008), se afirma que: "los psicoterapeutas corporales deben ser sensibles a la interrelación de las señales en el organismo que indican el flujo vegetativo, la hipertensión e hipotensión muscular, el bloqueo energético, la pulsación y las etapas del funcionamiento aumentado y natural autorregulado, y los fenómenos de los procesos psicodinámicos de la transferencia, contratransferencia, proyección, regresión defensiva, regresión creativa y diversas formas de resistencia". Esta definición (votada y aceptada en su tercer congreso

---

[5] Una búsqueda de "terapia psicocorporal" en Yahoo arrojó tanto datos de personas e instituciones que practican o forman profesionales en psicoterapia corporal, como de quienes se especializan en todo tipo de terapias alternativas.

en septiembre de 1991) utiliza conceptos reichianos (flujo vegetativo, bloqueo energético, pulsación) y psicoanalíticos (como transferencia, contratransferencia, proyección y resistencia) que no todas las escuelas aceptan o utilizan. Por supuesto, cualquier definición adoptada en un congreso o comité es resultado de una negociación y reflejo de las personas o grupos de poder que llegaron a un consenso en ese momento.

En el momento de escribir estas líneas, la EABP (http://www.eabp.org/what-is-eabp.php, consultada el 17 de septiembre de 2014) tiene una definición mucho más incluyente, que pone énfasis en que:

1. Es una corriente distinta y reconocida, con una larga historia, publicaciones propias y una sólida posición teórica.

2. Implica una teoría explícita del funcionamiento del cuerpo-mente que toma en cuenta la complejidad y las interacciones entre el cuerpo y la mente.

3. Su premisa básica es que el cuerpo refleja a la persona como un todo y hay una unidad funcional entre el cuerpo y la mente.

4. No hay una relación jerárquica entre la mente y el cuerpo, entre la psique y el soma. En otras palabras, ninguna de las dos partes domina o determina a la otra, sino que son aspectos del ser humano como un todo.

5. Implica un modelo de desarrollo, una teoría de la personalidad que explica las alteraciones y trastornos, así como una gran variedad de técnicas diagnósticas y terapéuticas que se usan en el marco de la relación terapéutica.

6. Hay muchas modalidades de psicoterapia corporal, como las hay en otras corrientes terapéuticas.

7. También es una ciencia que se ha desarrollado en los últimos setenta años a partir de la investigación[6] en biología, antropología, etología, neurofisiología, psicología del desarrollo, neonatología, estudios perinatales y su propia experiencia.

---

[6] No estoy seguro de esta afirmación. Más bien diría que, en muchos casos, las diferentes modalidades han buscado sustento en las investigaciones de otros campos.

8. Hay también una gran variedad de técnicas, algunas de las cuales se usan en o con el cuerpo e involucran el contacto físico, el movimiento y la respiración.

En términos más específicos, la psicoterapia corporal puede definirse a partir de lo que hacen los profesionales que la practican (Ortiz, 2007a):

- Ponen particular atención a la comunicación no verbal de las personas que acuden a su consulta.[7] Se fijan en la forma del cuerpo, las tensiones musculares, los movimientos, gestos y posturas e invitan a sus consultantes a hacer lo propio. Estos datos les sirven para hacer diagnósticos (Reich, 1949; Lowen, 1958, 1975; Serrano, 1990, 2007; Ramírez, 1995; Bernhardt; 2004), o como punto de partida para una exploración personal (Kurtz y Prestera, 1976; Kurtz, 1990; Ogden, Minton y Pain, 2006). Al mismo tiempo, intentan estar conscientes de lo que pasa en su propio cuerpo al relacionarse con el otro (Caldwell, 2004).

- Indican movimientos, formas de respiración, posturas, gestos y aumento y disminución voluntaria de las tensiones a sus consultantes como parte del proceso terapéutico (Lowen y Lowen, 1977; Caldwell, 1996; Rispoli, 1999).

- Pueden utilizar diferentes formas de contacto físico, incluido el masaje (Ortiz, 1992; Crespo, Pereira, Ribeiro y Rios, 1997; Marcher, Jarlnaes, Münster y van Dijke, 1997; Zur, 1997).

En cuanto a los objetivos terapéuticos:

- Los psicoterapeutas corporales utilizan estas estrategias en una relación profesional con el fin de propiciar la ampliación de la consciencia, la expresión de emociones, el alivio al sufrimiento, mayor

---

[7] Durante la primera mitad del siglo XX se llamó pacientes a las personas que acudían a psicoterapia. Carl Rogers introdujo el término "cliente" tanto porque su modelo era educativo y no médico como por razones legales. En ese tiempo sólo los psiquiatras podían ser psicoterapeutas. En la actualidad se empieza a hablar de consultantes para evitar las connotaciones comerciales que tiene la palabra cliente. Aunque en algunas instituciones de México se les llama usuarios a las personas que acuden a los servicios, este término me parece muy general, pues también designa a quienes hacen uso de los servicios de cómputo o a los que se trasladan en el transporte colectivo.

capacidad de sentir placer y, en general, crecimiento y desarrollo personal. Cada uno de estos objetivos está íntimamente relacionado con la consciencia corporal, es decir, con la forma en que los procesos psicológicos se interrelacionan con las sensaciones y movimientos.

• Al intervenir de este modo, con frecuencia propician que sus consultantes entren en estados especiales de consciencia en los que tienen recuerdos especialmente vívidos. De esta forma es posible reconstruir la experiencia.

Es difícil encontrar conceptos o creencias comunes en el gremio, pero todos estarían de acuerdo en rechazar firmemente el dualismo mente -cuerpo (Ortiz, 2007b). Su marco teórico les lleva a estudiar las estrechas relaciones del ámbito de lo "psicológico" con los aspectos corporales, entendiendo siempre que se trata de dos caras de la misma moneda (Caldwell, C., 1997).

Por supuesto, no es fácil llegar a una definición aceptada por todos los actores (asociaciones, escuelas, psicoterapeutas). La EABP destaca, en sus documentos oficiales (http://www.eabp.org/, consultada el 5 de septiembre de 2010, EABP Forum, 2005), que la psicoterapia corporal merece, y de hecho tiene, un lugar en el concierto de las psicoterapias más aceptadas y conocidas tanto por el público como por el gremio. Por ello, es una corriente reconocida por la Asociación Europea de Psicoterapia (EAP), lo mismo que varias "modalidades" o escuelas particulares. Manifiesta también que cuenta con bases teóricas provenientes tanto de la psicología y la antropología como de las neurociencias, la biología y la etología, y que tiene una larga historia. En el documento de la EABP se subraya la diferencia entre la psicoterapia corporal y las diversas disciplinas que pueden agruparse dentro de la somática, pero, como vimos antes, esto no siempre sucede así, en particular en otros países. Por ejemplo, se sigue discutiendo si la danzaterapia es una psicoterapia corporal o no (Young y Pallaro, 2008).

En Europa los psicoterapeutas corporales buscan establecer una identidad social, es decir, una distinción entre "nosotros" y "ellos". Como bien dicen Tajfel, Billng, Bundy y Flament (1971), tenemos una tendencia innata a categorizarnos, a veces sin más bases que la mera asignación a un grupo –aun si esta asignación se hace al azar– y no interactuamos, ni siquiera conocemos a los otros miembros de nuestro grupo. Construimos una parte de nuestra identidad con base en la membresía en diferentes grupos, exagerando las diferencias que tenemos respecto a los otros. De esta manera, los grupos nos dan una identidad (al decirnos quiénes somos) y autoestima (al hacernos sentir bien acerca de nosotros mismos). Pero los psicoterapeutas corporales no sólo buscan formar parte de la comunidad de las psicoterapias más aceptadas y conocidas a la vez que se distinguen de los enfoques "tradicionales". Muchos de ellos también adoptan la identidad propia de su escuela de formación, exagerando y sobrevalorando las diferencias que dicen tener respecto a los seguidores de otras escuelas.

Las modalidades

Diversidad

Cuando supe de la psicoterapia corporal, en 1973, era sinónimo de bioenergética,[8] escuela creada por **Alexander Lowen** (1958, 1975), el más conocido de los discípulos de Reich. En la práctica, muchos psicoterapeutas experimentaban con una gran variedad de técnicas que, como vimos antes, provenían de toda clase de fuentes fuera de la tradición reichiana. Ese era el caso de mi primer maestro, el doctor **Héctor Kuri**, a quien conocí en 1979. Se había entrenado con Lowen y **John Pierrakos**, cuando todavía trabajaban juntos, pero también tenía experiencia en la práctica del yoga e incorporaba a su práctica técnicas de danza sufi, Kum Nie y otras que aprendió en India con Bagwan Shree Rajneesh, después conocido como Osho. De todas formas, sus alumnos nos identificábamos como aprendices de bioenergética.

A medida que me adentré en el campo, y particularmente después de asistir al Primer Congreso de Psicoterapia Corporal, organizado por el Comité Científico Internacional para la Psicoterapia Corporal en Oaxtepec, México, quedé sorprendido por la cantidad de enfoques que se

---

[8] Los supuestos teóricos, métodos y técnicas de las principales escuelas de psicoterapia corporal se tratarán en otra sección.

ofrecían. Por un tiempo tuve una lista de terapias y psicoterapias corporales (Ortiz, 1999). No era un registro homogéneo. Algunas se basaban en una teoría coherente de la personalidad, el cambio o el crecimiento y un método para trabajar con las personas o los grupos, mientras que en otras las "escuelas" eran sólo técnicas sobrevaluadas, en las que un procedimiento se enseñaba con la pretensión de que servía para todo y para todos. En ese tiempo no se hacía (y en muchos casos todavía no se hace) la distinción entre terapia y psicoterapia, o entre método y técnica. Los límites con las disciplinas somáticas, de los que ya hablamos, eran aún más inciertos. Si bien el congreso se celebró en 1987, tenía aún el sabor de los sesentas y principios de los setentas: se valía de todo.

Desde entonces, la variedad de escuelas ha seguido creciendo (Ortiz, 1999, 2007b; Young, 2005a, 2005c). Young (2008) afirma que hay unas 30 modalidades en Europa y es difícil determinar el número en otras regiones, en las que no existen organizaciones nacionales o regionales y donde sin duda funcionan escuelas "locales" de las que poco se sabe fuera de la zona en la que operan. Cualquiera puede iniciar una escuela, inventar un nombre para su "nuevo" método o técnica y hacer una síntesis de teorías para tratar de explicar su trabajo. Algunos de estos enfoques pueden ser realmente innovadores, mientras que otros se limitan a asignar nuevos nombres a los conceptos y procedimientos utilizados durante mucho tiempo. De todas formas, el atractivo de las modalidades específicas de psicoterapia corporal es tal que los programas genéricos son muchos menos que aquellos que tienen una "marca registrada" en Estados Unidos de América (MacMillan, comunicación personal, 12 de junio de 2004).[9] La gente parece preferir identificarse con una escuela en particular que simplemente decir que son psicoterapeutas corporales.

Hasta la década de 1990, los seguidores de las diferentes escuelas no siempre se comunicaban o reconocían entre sí y, en algunos casos no toleraban la menor heterodoxia en sus filas.[10] Cuando alguien se atrevía a modificar el método oficial, se le acusaba de diluirlo o de traicionar al fundador. Algunas eran auténticas sectas en las que no podía cuestionarse la maravillosa psicoterapia en la que se entrenaron (Young,

---

[9] Alex MacMillan fue presidente del 4º Congreso del Comité Científico Internacional de Psicoterapia Corporal, celebrado en Boston, MA en 1996.

[10] Desde luego, esto no sólo sucede en el ámbito de la psicoterapia corporal.

2005d). La psicoterapia corporal no tenía reconocimiento y, por consiguiente, los libros y artículos eran publicados por las propias escuelas y a menudo sólo citaban material de la misma modalidad. Esto empezó a cambiar a mediados de esa década.

Causas de la diversidad

Esta tendencia a la diversidad se explica por tres grupos de causas interrelacionadas:

1. **Wilhelm Reich** entrenó psicoterapeutas en cinco países diferentes –Alemania, Dinamarca, Suecia, Noruega y Estados Unidos– entre 1930 y el final de la década de 1940 (Ollendorf de Reich, 1969; Sharaf, 1983). En esos años su forma de trabajar evolucionó (Reich, 1942, 1949) y seguramente varió con diferentes pacientes. No escribió un manual sobre su método o sus técnicas cuando practicaba la vegetoterapia caracteroanalítica o la orgonomía psiquiátrica, y nunca fundó un programa de formación que tuviera la estabilidad requerida para tal efecto, de tal suerte que sus estudiantes y pacientes se quedaron con la experiencia particular de su terapia y aprendizaje personal, que necesariamente era parcial. Así, desde una visión parcial del trabajo de Reich, algunos de sus discípulos fundaron su propia escuela, en ocasiones con grandes diferencias como las que se encuentran entre la bioenergética de Lowen, la vegetoterapia de Ola Raknes o la de Ellsworth Baker (Serrano, comunicación personal, 15 de marzo de 2005).[11]

2. Tanto los creadores de nuevos métodos y técnicas como sus discípulos suelen desconocer el trabajo de otros colegas o de los pioneros de la psicoterapia corporal. Esta ignorancia tiene varias causas que no se excluyen mutuamente:

   • Aun con la mejor intención y un vivo interés, es muy difícil estar al tanto de todos los libros y artículos que se publican sobre

---

[11] Xavier Serrano, autor de numerosos artículos y libros sobre vegetoterapia, es miembro de la EAB y del Comité Científico Internacional para la Psicoterapia Corporal, así como director fundador de la Escuela Española de Terapia Reichiana.

el tema. La EABP (http://www.eabp.org/, consultada el 5 de septiembre) tiene una lista de más de 3700 ítems en idiomas que van del inglés y español al ruso, serbocroata y griego, muchas de ellas publicadas en *journals* locales, de poca difusión.

- En general, sólo quien publica en inglés consigue divulgar sus trabajos más allá de su frontera cultural. Pero, aun cuando este idioma es la *lingua franca* de la ciencia y la técnica, hay quienes se niegan a aprenderla, en una especie de resistencia cultural. Por otra parte, los angloparlantes con frecuencia sólo leen textos en inglés. En cuanto al español, la mayoría de las editoriales de esta lengua distribuyen sus publicaciones de modo local. El problema es mayor con lenguas que sólo son comprendidas por los habitantes de un país, como es el caso de los escandinavos.[12]

- Debido a lo anterior, algunos trabajos innovadores, de gran calidad, no son conocidos por una buena parte del gremio y algunas escuelas, que no hacen mucho más que repetir lo que ya se ha dicho con diferentes palabras, alcanzan gran difusión.

- Cuando los fundadores de "nuevos enfoques" publican libros o revistas especializadas, a menudo sólo se refieren a su propio trabajo, e ignoran o menosprecian los otros enfoques. Por fortuna, las publicaciones que no se restringen a una modalidad y van más allá de la jerga de una escuela en particular, van en aumento. En el ámbito de las revistas especializadas hay que destacar *Energy and Character*, fundada y editada por David Boadella y que se ha publicado durante más de 30 años. El *USABP Journal*, editado por la Asociación de Psicoterapeutas Corporales de Estados Unidos, se publicó entre 2002 y 2011, y, a partir de 2012, se convirtió en el *International Body Psychotherapy Journal*, publicado en conjunto con la EABP. Además, Jacqueline Carlton, editora de la revista, escribe una columna en el boletín

---

[12] A partir de 2012, el *International Body Psychotherapy Journal*, editado conjuntamente por la EABP y la USABP, publica artículos en inglés con *abstracts* en albano, portugués, francés, español, alemán, ruso, serbio, griego y hebreo. Además, en caso de recibir artículos en idiomas que no sean el inglés, estos se traducen y la versión en el idioma original se publica en línea.

de la misma asociación, en la que reseña libros y CD. Otra publicación importante es el *Body, Dance and Movement in Psychotherapy*, publicado por Taylor y Francis desde 2006. Hay otras revistas de asociaciones específicas, como *Energía, Carácter y Sociedad*, de la Escuela Española de Terapia Reichiana, que se publicó entre 1983 y 2004 (http://www.esternet.org/publicaciones.htm, consultada el 19 de noviembre de 2008) y el *Clinical Journal of the Internacional Institute of Bioenergetic Analysis* 2001-2008 (http://www.bioenergetic-therapy.com/ iibamain/ about/ 1frm_about.htm, consultada el 19 de noviembre de 2008). En los últimos años, la EABP y en particular Courtenay Young, han trabajado para que todas las publicaciones de las diversas escuelas sean accesibles y compilen todos los trabajos publicados sobre el tema con *abstracts* en inglés en un CD, lo cual sin duda ayudará a difundirlos; sin embargo, a pesar de la dedicación de los responsables de este trabajo, nada garantiza que todos los autores manden sus resúmenes. Entre los libros que se refieren a diversas corrientes están *The Flesh of the Soul: The Body we Work*, editado por Heller (2001) y que contiene una selección de presentaciones del 7° Congreso de la EABP, celebrado en Travemünde (Alemania) en 1999; el *Handbuch der Körperpsychotherapie* (Marlock y Weiss, 2005), de próxima edición en inglés *(Handbook of Body Psychotherapy)*, y, más recientemente, *Body Psychotherapy. History, Concepts and Methods* (Heller, 2012).

• Leer un libro de una modalidad específica no garantiza que uno se entere de lo que los psicoterapeutas hacen en realidad; sin embargo, es aún más difícil experimentar personalmente el trabajo de las diferentes escuelas. Cualquiera puede probar superficialmente los métodos y las técnicas de diferentes escuelas en los congresos o por medio de intercambios de psicoterapeutas en nuestras escuelas, pero estas muestras dan una idea parcial del trabajo cotidiano de cada uno. Es imposible tomar todos los entrenamientos o siquiera asistir a talleres de cada modalidad.

• Algunos fundadores de escuelas no tenían formación previa como psicoterapeutas. Llegaron a su síntesis particular como resultado de una búsqueda personal, encontraron un método útil, lo sistematizaron y lo enseñaron sin conocer el trabajo de sus contemporáneos o de quienes los precedieron. El caso de **Ilana Rubenfeld**, creadora del *Rubenfeld Synergy Method*, es un buen ejemplo. Ilana se formaba como directora de orquesta cuando una dolencia física la llevó con una maestra del método Alexander. Con el tiempo hizo una interesante síntesis de ese método, junto con el de Feldenkrais y la Gestalt. Ella confiesa que se sintió aislada durante los primeros veinticinco años de trabajo con el cuerpo-mente y que, al principio, no tenía conocimiento de Wilhelm Reich (Rubenfeld, 1997).

3. Los intereses personales de los fundadores de nuevas escuelas siguen estando por encima del reconocimiento de la obra de quienes les antecedieron o de las semejanzas que su trabajo guarda respecto al de sus contemporáneos: el interés comercial hace que sea más negocio aparecer como creador de algo "nuevo". **Christine Caldwell**, autora de Getting *in Touch. The guide to New Body-Centered Therapies* (comunicación personal, junio de 1999), dice que ha causado mucho malestar al decir a los fundadores de escuelas en Estados Unidos que en esencia hacen lo mismo, ya que viven de vender la diferencia percibida entre su trabajo y el de otros. También piensa que cuando alguien es talentoso, muchos quieren aprender con él de cualquier manera, por lo que desarrolla un lenguaje que ayude a sus discípulos a entender su trabajo y, a su vez, enseñarlo. Por otra parte, a muchos de los que proponen "nuevas" técnicas, métodos o modelos teóricos, no parece importarles argumentar las razones que los llevaron a plantear sus propuestas sustituyendo o modificando las teorías y procedimientos de sus predecesores (y en muchos casos, el cambio es únicamente nominal: se designa con otra palabra un concepto o técnica que ya existía). En algunos casos las escuelas son como sectas en las que hay que hacer una suerte de juramento de lealtad de permanecer siempre fiel al credo, y eso implica ignorar o despreciar las otras modalidades. Al final, esto ocasiona que cada escuela subraye las características que supuestamente la hacen diferente de las otras al tiempo que ignora las semejanzas. **Sigmund Freud** (1930) escribió acerca del "narcisismo de las pequeñas diferencias" para

describir la rivalidad entre grupos étnicos similares o pueblos vecinos. Este narcisismo lleva a actitudes como "Mi escuela es todo esto, mientras que la tuya es sólo eso" (Young, 2005a).

Las similitudes y las diferencias entre las diversas modalidades se explican, al menos en parte, por su origen. Nadie inventa un método partiendo de cero. La historia de la mayoría de las escuelas –si no es que de todas– incluye una síntesis de diversos métodos (Caldwell, 1997; Goodrich-Dunn y Green, 2002; Young, 2005b, 2005c, 2005d) que, con el tiempo, necesitan diferenciarse para desarrollar una identidad, minimizando las similitudes a la vez que subrayan y valoran las diferencias, aun cuando sean mínimas. Muchas veces estas diferencias tienen que ver más con el lenguaje especializado que crean para describir su trabajo que con lo que realmente hacen (Gendlin, 1996).

El interés comercial y el narcisismo de los que promueven sus escuelas tiene su contrapartida en la "avidez de novedades" de los consumidores (tanto personas que buscan formación como el público informado que busca ayuda) que prefieren "lo último" en psicoterapia.

En México esto no siempre ha sido así, ya que la mayoría de los programas de formación básica eran genéricos, es decir, enseñaban una combinación de conceptos, métodos y técnicas provenientes de diferentes escuelas, aunque la mayoría de ellos se basaba en la bioenergética de Alexander Lowen. Después de pasar por una formación genérica, muchos psicoterapeutas decidieron tomar uno o más entrenamientos específicos con maestros provenientes de una escuela con sede en el extranjero. En nuestro país se han impartido formaciones en integración postural, core-energética, arraigo sexual, psicoterapia funcional, Hakomi y vegetoterapia.[13]

Identidad profesional

Si bien hay esfuerzos gremiales para lograr el reconocimiento, la acreditación y la identidad, también es cierto que en el campo encontramos tanto profesionales a quienes les interesa mucho diferenciarse de los practicantes del conjunto de disciplinas somáticas, de las que se habló

---

[13] En el capítulo 5 se hablará de estos programas con mayor amplitud.

antes, como muchos a quienes eso no les preocupa. Algunas personas que se han formado como psicoterapeutas corporales a la vez recetan flores de Bach, leen el Tarot, hacen horóscopos, dirigen regresiones a vidas pasadas o siguen las enseñanzas de seres espirituales. Hay quienes realizan prácticas shamánicas, mientras que otros son vegetarianos o practican diferentes formas de meditación. Abundan, pues, todo tipo de prácticas y creencias *New Age*. Con esto no quiero juzgar lo que hacen o lo que piensan los practicantes de la corriente que nos ocupa, sino dar cuenta de la diversidad de los psicoterapeutas de esta corriente, diversidad que encontramos también en la escolaridad previa al ingreso a los programas de formación.

Algunas escuelas admiten a quien sea, de tal suerte que no sólo hay psicólogos, médicos o trabajadores sociales, sino ingenieros, economistas, administradores, bailarinas y personas sin estudios profesionales. En un foro reciente[14] una psicoterapeuta que estaba en este caso afirmó que su experiencia de ser mamá era de alguna manera equivalente a los estudios formales de otras personas.

En Europa, la mayoría de los psicoterapeutas corporales tienen formación previa como psicólogos o médicos, pero hay quienes antes de estudiar psicoterapia eran profesores de literatura, filósofos o hasta economistas. Sin embargo, algunas escuelas exigen licenciatura en psicología o medicina para otorgar el reconocimiento como psicoterapeuta (Young, 2008).

En Estados Unidos, la USABP tiene miembros titulares *(clinical members)* con estudios y práctica profesionales en una disciplina relacionada con la salud mental, y miembros asociados, con formación en una de las dos áreas. Cerca de 25% son médicos o doctores en psicología, y la mayoría tienen maestría. Un porcentaje importante estudiaron enfermería o masaje antes de formarse como psicoterapeutas (Burns, comunicación personal, 9 de septiembre de 2008[15]).

Tanto en Europa (Heller, 2001) como en Estados Unidos (Burns, comunicación personal, 2008) y México, muchos psicoterapeutas se han formado en dos o más modalidades de psicoterapia corporal o combi-

---

[14] El foro de ética que se realizó en la UNAM del 21 al 22 de febrero de 2008.

[15] Robyn Burns es presidenta de la USABP.

nan una de ellas con una formación en otro tipo de psicoterapia (por ejemplo, junguiana).

La diversidad de alumnos en las distintas formaciones también tiene raíces históricas. Los creadores de escuelas con reconocimiento internacional, antes de ser psicoterapeutas, tenían diferentes estudios. Algunos estudiaron medicina (**Wilhelm Reich; Alexander Lowen**,[16] creador del Análisis Bioenergético, mejor conocido como Bioenergética, y **John Pierrakos**, fundador de la Core energética) o psicología (**Ron Kurtz**, Método Hakomi), lo que tradicionalmente se relaciona con el campo de la psicoterapia; otros vienen de campos como la educación (**David Boadella**, Biosíntesis), la filosofía (**Jack Painter**, Integración Postural), la música (Ilana Rubenfeld, Rubenfeld Synergy Method), la danza (**Al Pesso**, Pesso-Boyden) o la quiropráctica (**Stanley Keleman**, *Formative Psychology*).

Los psicólogos y psiquiatras a menudo se disgustan porque en las escuelas de psicoterapia corporal admiten a personas con formaciones distintas de las que ellos tienen. Habría que recordar que uno de los primeros psicoanalistas fue **Otto Rank**, cerrajero de profesión, a quien Freud recomendó no estudiar medicina y apoyó para obtener un doctorado en filosofía. Posteriormente fueron admitidas al círculo cercano a Freud la escritora **Lou Andreas Salomé**, la princesa **Marie Bonaparte** y el psicólogo **Theodor Reik**. Este último fue demandado por "ejercicio ilegal de la medicina" por el hecho de practicar el psicoanálisis sin ser médico. El propio Freud salió en su defensa y publicó *Análisis profano* (1926), en donde exigía que sólo las personas preparadas ejercieran el psicoanálisis, pero advertía que el hecho de que tales personas fueran o no médicos era secundario. Dos años más tarde, en una carta a **Paul Federn**, se pronunció en contra de que los médicos monopolizaran el análisis (Gay, 1988). En la actualidad, muchos psicoanalistas se identifican precisamente como eso, psicoanalistas, independientemente de o junto con su profesión de origen. Esa actitud sigue vigente para muchas personas en lo que se refiere a la psicoterapia en general, y la psicoterapia corporal en particular es una profesión diferente. En Europa, de hecho, hay cierto consenso respecto a que la psicoterapia es una disciplina y una profesión distinta de la psicología y la psiquiatría; la EABP exige que para

---

[16] Aunque Lowen era abogado cuando se formó con Reich, posteriormente estudió medicina en Suiza.

ser psicoterapeuta se cubran como mínimo 1450 horas entre aprendizaje teórico y práctico, terapia personal y supervisión de casos (Young, 2008). Lo cierto es que se sigue y se seguirá discutiendo la cuestión de quiénes pueden acceder a una formación.[17]

En cuanto a la identidad de los psicoterapeutas corporales, hay quienes, al término de su formación, se identifican como psicoterapeutas a secas, mientras que otros prefieren ser conocidos como psicoterapeutas corporales o como practicantes de una modalidad o escuela en particular. En este último caso pueden estar los recién egresados o aquellos muy identificados con una escuela. Quienes son psiquiatras o psicólogos pueden preferir esa identidad, más conocida por el público que busca sus servicios, que la de psicoterapeuta o seguidor de una escuela.

Difusión e investigación

Durante muchos años eran escasas las publicaciones en torno a la psicoterapia corporal y las que existían tenían poca difusión, pero en la actualidad hay incluso secciones dedicadas al cuerpo-mente en las librerías (Goodrich Dunn, 2002). La EABP, en un esfuerzo monumental, publicó dos CD en los que se enlistan los libros, capítulos de libros, tesis, grabaciones y películas del tema que nos ocupa. En la primera edición de 2002 se registraron más de 1500 publicaciones y en la segunda, de 2006, más de 3700. La lista incluye textos en varios idiomas (francés, alemán, ruso, serbocroata, griego, holandés, español y portugués) y, preferentemente, *abstracts* en inglés. Esta tarea es de capital importancia ya que, como ya se mencionó, muchas publicaciones son de difícil acceso, bien sea por haber sido editadas en un idioma con relativamente pocos hablantes o en una editorial con poca difusión o por estar agotadas.

En las últimas décadas también se han realizado congresos de psicoterapia corporal. El Comité Científico Internacional de Psicoterapia Corporal fue fundado en México a iniciativa del doctor Rafael Estrada Villa en 1987. La organización ha agrupado a psicoterapeutas de diferentes países, sobre todo latinos, y ha celebrado congresos en Oaxtepec (1988), Montreal (1990), Barcelona (1993), Boston (1996), Oaxtepec (1999), Ná-

---

[17] La formación de terapeutas se tratará con mayor amplitud en los capítulos 5 y 6.

poles-Ischia (2002), Sao Paulo (2005), París (2008), Isla Margarita (2011) y Lisboa (2014).[18] La celebración de los congresos en México contribuyó a la difusión de la psicoterapia corporal para quienes la conocían poco, mientras que mostró un panorama más amplio de la disciplina a aquellos formados en una escuela. A partir de estos eventos se organizaron o consolidaron programas de formación con psicoterapeutas extranjeros, creadores de escuelas. Después surgieron dos organizaciones regionales, la European Association for Body-Psychotherapy (EABP), fundada en 1988, y la United States Association for Body Psychotherapists (USABP),[19] fundada en 1996, las cuales celebran congresos cada dos años. Las asociaciones regionales han buscado reconocimiento de la corriente en sus áreas de influencia, han fomentado la publicación de *journals* y boletines y se han ocupado en menor o mayor grado del reconocimiento de las escuelas. Las ponencias y los talleres de las asociaciones regionales se hacen en inglés, lingua franca de la divulgación científica, pero en el Comité Científico Internacional se usan varios idiomas.

Además de estas organizaciones, que agrupan psicoterapeutas de diferentes escuelas, escuelas particulares han llevado a cabo incontables congresos. Cabe insistir en que tanto en los congresos de escuelas particulares como en los generales, se tiende a poner mayor énfasis en los talleres prácticos. La teoría se expone en conferencias magistrales o paneles con profesionales destacados y, por tanto, suele dejar fuera a la mayoría de los participantes. No se han publicado memorias de ninguno de estos congresos (a excepción de una selección de ponencias del 7º Congreso de la EABP [Heller, 2001]) y lo único que puede conseguirse son las grabaciones de las conferencias magistrales y algunos paneles.

En cuanto a la investigación, casi todas las publicaciones consisten en exposiciones sobre determinado método o técnica, muchas veces acompañadas de viñetas clínicas, sin hacer intentos de análisis cualitativos y mucho menos cuantitativos de resultados. Esto es particularmente notorio en cualquiera de los numerosos libros de Alexander Lowen (1958, 1975), creador del Análisis Bioenergético y sin duda el más conocido psicoterapeuta corporal, o Stanley Keleman (1989). **May** (2005) ha men-

---

[18] Los congresos de París y Lisboa se organizaron en conjunto con la EABP.

[19] Se puede obtener información acerca de estas asociaciones en sus respectivas páginas web: eabp.org y usabp.org.

cionado el "Efecto Rashomon" en referencia a la película de Kurosawa en la que los personajes dan cuatro historias contradictorias de un solo evento. Nunca se descubre la verdad y los personajes quedan confundidos y agitados. Lo mismo sucede al leer la literatura de psicoterapia corporal: el lector queda confundido e incapaz de creer ninguna de las versiones, a no ser, claro está, que sea seguidor incondicional de alguna de las escuelas (Young, 2005a).

Conclusiones

En conclusión, el campo de la psicoterapia corporal es resultado de dos fuerzas antagónicas. La más evidente es la que tiende a la fragmentación, alimentada de los intereses personales de los creadores y seguidores incondicionales de las diversas escuelas. Así se explica la multiplicación de las escuelas y la rivalidad entre ellas. Por otra parte, de los esfuerzos de personas y asociaciones que han encontrado que ninguna modalidad es dueña de la verdad absoluta nace un impulso de integración y unificación. En ese sentido cabe destacar la labor de asociaciones como la EABP, la USABP y el Comité Científico para la Psicoterapia Corporal, así como la labor de edición, compilación y síntesis de autores como Caldwell (1997), Heller (2001, 2012), Marlock y Weiss (2005) y Young (2005a, 2005b, 2005c, 2008). La historia de la psicoterapia corporal, que se tratará en el siguiente capítulo, es en parte un recuento y en parte un intento de explicar la diversidad. Por otro lado, como se verá más adelante, tanto en México como en otros países, los estudiantes serios de psicoterapia corporal no se conforman con entrenarse en una sola escuela y hacen su propia síntesis de diversas modalidades.

En cuanto al campo de la psicoterapia en general, es de esperarse que cada vez se reconozca más la importancia de trabajar con el cuerpo, superando así la obsoleta dicotomía que lo separa de lo que tradicionalmente se ha considerado dominio de la psicología. De ahí la importancia de tender puentes entre las diversas corrientes de psicoterapia y, en particular, entre la psicoterapia corporal y las escuelas más conocidas.

CAPÍTULO 2

HISTORIA DE LA PSICOTERAPIA CORPORAL

Introducción

Como podría esperarse, la historia de la psicoterapia corporal no es lineal. Es una narrativa de linajes en la que los fundadores de escuelas muchas veces aprendieron o fueron influenciados por maestros y colegas (Langfeld *et al.*, 2005) a los que no siempre reconocen, pero al mismo tiempo, es una historia de "tributarios independientes" (Aposhyan, 2004) sin raíces psicoanalíticas o reichianas. En lo referente al ámbito de la educación somática en particular, es un recuento de descubrimientos realizados en solitario por personas que intentaban curarse a sí mismas de enfermedades o accidentes y no sabían que otros profesionales habían llegado a conclusiones parecidas o empleaban procedimientos semejantes (Geuter, 2005). Se trata de una serie de biografías entrelazadas en las que hay tanto asociaciones y cooperación como rupturas, rivalidad e incluso aislamiento (Goodrich-Dunn y Greene, 2002). Hay que aclarar, además, que no existe una sola historia de la psicoterapia corporal, ya que quienes han escrito sobre el tema necesariamente lo hacen desde la óptica de su postura e intereses propios, subrayando la importancia de los personajes y conceptos fundamentales en su formación.

En otro plano, es necesario considerar que las biografías de cada personaje no pueden entenderse sin al menos aludir a corrientes culturales y eventos históricos que los formaron o dieron cursos diferentes a sus vidas. Tomando por ejemplo a Reich, figura central de la psicoterapia corporal, tenemos que la Primera Guerra Mundial hizo que su destino cambiara del de un terrateniente rico al de un estudiante de medicina pobre interesado en la obra de Freud; por su parte, el nazismo provocó su salida de Alemania y la Segunda Guerra Mundial lo llevó, junto con otros psicoanalistas y educadores somáticos, a Estados Unidos, donde un par de décadas más tarde influirían en el Movimiento del Potencial Humano (Back, 1973; Sharaf, 1983).

En el ámbito de la psicología, la historia de la psicoterapia corporal –y su fundamento teórico– es incomprensible sin ponerla en el contexto de la historia del psicoanálisis del cual surgió (Geuter, 2006; Marlock y Weiss, 2006; Ortiz, 1999; Totton, 2002) y no puede separarse de la historia de la educación somática, con la que no siempre tiene límites claros y en la que se ha inspirado desde el principio. A partir de finales de la década de 1960, muchas escuelas de psicoterapia corporal tomaron principios y conceptos de la psicología humanista, sobre todo los referidos a la importancia de la empatía, la congruencia y el aprecio incondicional, que según Rogers son condiciones necesarias para toda relación de ayuda (Geuter, 2006; Totton, 2002). Por último, muchas modalidades de psicoterapia corporal (Kurtz, 2008a, 2008b; Liss, 2001; Ogden, Minton y Pain, 2006) se han nutrido de la investigación en las neurociencias y los intentos de relacionarla e integrarla con las ciencias cognitivas, la Teoría del Apego y las investigaciones de la relación temprana entre madres e hijos (Cassidy y Shaver, 2001; Cozzolino, 2002, 2006; Ramachandran y Blakeslee, 1988; Shore, 1994; Siegel, 1999; Stern, 2004).

En un panorama tan complejo, los intentos de escribir una historia general de la corriente que nos ocupa suelen ser bosquejos (Apoyshian, 2002; Caldwell, 1997); recopilaciones de testimonios de actores importantes (Goodrich-Dunn y Greene, 2002); recuentos de los sucesos y desarrollos ocurridos en una región en particular (Heller, 2007a, 2007b); relatos biográficos o autobiográficos que se ocupan del trabajo y la esfera de influencia de un autor en particular (Lowen, 2004), o intentos eruditos de condensar mucha información en pocas palabras (Geuter, 2005). Dos obras merecen destacarse por su amplitud y profundidad: por un lado, el *Handbuch* de Martolck y Weiss (2005), en el cual se incluyen capítulos como el de Geuter, y en fecha más reciente, *Body Psychotherapy. History, Concepts, Methods*, de Heller (2012).

La historia bosquejada en estas líneas no pretende ser completa ni imparcial. Es una entre muchas posibles narraciones de los acontecimientos pasados que busca entender el presente y ver hacia el futuro.

Tiene el sesgo de haber sido compilada en y para México, y, por tanto, omite las contribuciones de escuelas desconocidas en nuestro país; sin embargo, lo mismo puede decirse de cada ensayo histórico sobre la psicoterapia corporal.[1] El estudiante serio de psicoterapia corporal debería conocer al menos algunas de ellas. De no ser así, corre el riesgo de confundir una escuela con la totalidad del campo que nos ocupa y puede deslumbrarse con teorías, métodos o técnicas que parecen nuevos pero que en realidad fueron empleados por los pioneros de la psicoterapia corporal hace mucho tiempo.

El *lebensreformbewegung* y la educación somática

El trabajo con el cuerpo-mente tiene su origen esencial a principios del siglo XX, en el movimiento colectivo, *avant-garde*, conocido en Europa como *lebensreformbewegung* (movimiento de reforma de la vida). Este movimiento contracultural predicaba la libertad sexual, el vegetarianismo, la libertad, la emergencia de lo femenino, la espiritualidad fuera de las religiones establecidas y la idea de que el cuerpo es un asunto central respecto a la cuestión misma de lo que significa ser humano. Sus métodos abarcaron desde las gimnasias alternativas hasta la danza moderna y la psicoterapia reichiana (Marlock y Weiss, 2005) y entre sus seguidores había grupos de jóvenes que viajaban por el campo vestidos de colores brillantes, como los hippies de la década de 1960 (Goodrich Dunn y Greene, 2002).[2] La asociación del trabajo corporal con diversas formas alternativas de medicina, religiosidad, prácticas sexuales y hábitos alimenticios, entre otras, ha continuado hasta la actualidad (Ortiz, 1999) de suerte que es posible afirmar que se trata de una corriente terapéutica opuesta a los valores y usos de la cultura occidental judeocristiana que siempre ha sobrevalorado lo mental y lo espiritual (Fernández, 2009a, 2009b) considerándolo separado del cuerpo, al que le atribuye la naturaleza animal e irracional del ser humano y del que, por ende, desconfía.

---

[1] Algunos de los textos en torno a la historia de la psicoterapia corporal se citan en el primer apartado de este capítulo.

[2] Es interesante notar que el trabajo con el cuerpo y la obra de Reich se pusieron de moda en los años 1960, en un contexto cultural parecido.

En el contexto del movimiento de la reforma de vida surgieron prácticas innovadoras de la danza, que luego serían la base de la danzaterapia y las gimnasias alternativas, precursoras de la educación somática, que, insisto, está íntimamente relacionada y a veces difícil de diferenciar de la psicoterapia corporal.[3] El objetivo de estas últimas no era sólo mejorar la apariencia o el funcionamiento del cuerpo sino "que las personas se reexperimentaran a sí mismas como una totalidad" (Selver, 1977/2004). Se suele considerar que Reich es el padre de la psicoterapia corporal, y, en esa lógica, **Elsa Gindler** sería la abuela, al menos desde el punto de vista de los autores de habla inglesa (Weaver, 2004) y alemana (Geuter, 2005; Marlock y Weiss, 2005). Gindler y sus discípulas, entre las que destaca Charlotte Selver, fueron pioneras de la educación somática y su trabajo de concientización corporal influyó en ese ámbito y en el de la psicoterapia corporal.

Elsa Gindler enseñaba gimnasia en Alemania a principios del siglo XX. Al enfermar de tuberculosis, Gindler "dedicó toda su atención a lo que le sucedía a cada momento, en cada una de sus actividades durante todo el día". Su trabajo consistía en realizar "experimentos" para que cada persona descubriera lo que sucedía en su propio organismo a cada momento. Así, según una de sus discípulas, consiguió llegar a un estado en el que ya no se alteraba con sus propios pensamientos y preocupaciones. **Eva Reich**, hija de Wilhelm Reich, estaba segura de que Gindler influyó en el interés de su padre por la respiración, ya que conoció su trabajo tanto por medio de su primera y su segunda esposa (Weaver, 2004), como de la esposa de Otto Fenichel, quienes tomaron clases con Gindler (Heller, 2012).

La más conocida de sus discípulas, **Charlotte Selver**, emigró a Estados Unidos y su trabajo, conocido más adelante como *Sensory Awareness*, influyó en psicoterapeutas como **Fritz Perls**, creador de la Terapia Gestalt, y **Erich Fromm**. El trabajo de Selver (2004a) implicaba entrar en contacto con el propio cuerpo sin esforzarse o intentar hacer las cosas bien, para dejar de actuar en automático. El objetivo general de su método era que las personas se experimentaran en su totalidad, con más vitalidad y sensibilidad. Es muy difícil poner en palabras las enseñanzas de Selver –y en realidad este suele ser el caso cuando se trata de describir

---

[3] Véase el capítulo 1 de este libro.

los métodos y técnicas propios de muchas modalidades de psicoterapia corporal– pues sus clases eran experienciales, pero unas palabras sobre su trabajo con la respiración pueden dar una idea de lo que hacía. Nunca se propuso enseñar una manera correcta de respirar. En cambio, guiaba a sus alumnos a observar cómo interrumpían su respiración o cómo esta se hacía más profunda al permitir que algo "los tocara" (Selver, 2004b). Su forma de trabajar contribuyó a conformar algunas nuevas modalidades de psicoterapia corporal (Levine, 2004; Rand, 2004; Rubenfeld, 2004) por las técnicas de sensibilización utilizadas y por la premisa básica de su método: el empleo de la atención dirigida al conocimiento del cuerpo desde adentro.

El cuerpo en la psicoterapia antes de Reich: Freud, Janet, Groddeck, Ferenczi y Fenichel

Aunque la mayoría de los psicoterapeutas corporales concuerdan en que Reich es el padre de esta corriente (Lowen, 1958), la práctica de la psicoterapia estuvo, en sus inicios, íntimamente relacionada con el cuerpo. Freud y **Pierre Janet** se refirieron a la relación del cuerpo y la mente, y, en un tiempo, emplearon técnicas corporales. También lo hicieron al menos tres seguidores de Freud: Groddeck, Fenichel y Ferenczi (Geuter, 2005; Langfeld *et al.*, 2005; Marlock y Weiss, 2005; Ortiz, 1999; Totton, 2002; Young, 2005b). Según Heller (2012), si Reich es el padre de la psicoterapia corporal, Fenichel debería ser considerado el tío.

Las bases psicoanalíticas de la psicoterapia corporal han sido estudiadas por diversos autores (Langfeld *et al.*, 2005; Ortiz, 1999, Totton, 2002), por lo que el tema no se tratará en detalle. De todas formas, es preciso subrayar que la psicoterapia corporal (o muchas de sus modalidades) surgió del psicoanálisis de la última década del siglo XIX y de las dos primeras del siglo XX y que algunas modalidades (Lowen, 1957, 1975) se nutrieron de ciertas corrientes psicoanalíticas más recientes.

El psicoanálisis como forma de comprender la relación cuerpo-mente

La extensa obra de Freud contiene gran cantidad de referencias en torno a la relación entre lo psíquico y lo somático, cuyo análisis rebasaría los

objetivos de este trabajo, por lo que se tratarán sólo las que fueron reto-
madas por Reich. En *La histeria* (Breuer y Freud, 1895) se propuso que
los recuerdos cargados de afecto podían producir síntomas como neuralgias, anestesias y contracturas. En otras palabras, algo "mental", una
representación o un recuerdo, podía producir algo "corporal", un sínto-
ma. También se podían producir síntomas cuando se acumulaba energía
somática, como en el caso de la neurosis de angustia, en la que la insatisfacción sexual producía perturbaciones de la respiración y de la actividad cardiaca, entre otras. En los dos casos el exceso de energía que no
se elaboraba psíquicamente o se descargaba por la vía motora y afectiva
era tóxico y, por tanto, sacarla al recordar un evento con todo y la carga
emocional asociada era curativo. En este modelo, implícito en el trabajo
de muchos psicoterapeutas corporales, la persona es como una olla exprés
cuyos problemas se explican por la intensidad del fuego al que se ve some-
tida y la insuficiencia de las válvulas para disipar la energía acumulada.

Años más tarde, en *El carácter y el erotismo anal*, Freud (1908) describió cómo las dificultades en el entrenamiento en el control de la evacua-
ción se relacionaban con la posterior aparición de rasgos de carácter como
la pulcritud, la obsesión por el orden y la terquedad. Concluyó este ensayo
afirmando que los rasgos de carácter pueden ser continuaciones de impulsos, formaciones reactivas contra los impulsos o sublimaciones de
impulsos. En otras palabras, nuestra forma característica de comportar-
nos se deriva de la manera en la que aprendimos, inconscientemente, a
manejar nuestros impulsos. Cuando los expresamos sin mayores inhibi-
ciones se habla de caracteres impulsivos; cuando los reprimimos y una
parte de su energía se vuelve en contra del mismo impulso, se generan
rasgos reactivos, es decir, formas neuróticas de comportarse que son
opuestas al impulso original (formaciones reactivas), y si los impulsos se
expresan de un modo socialmente aceptable o hasta creativo, se trata de
caracteres sublimatorios. Tomemos el exhibicionismo como ejemplo para
ilustrar las tres posibilidades. Una persona impulsiva se exhibiría burda-
mente, agrediendo, escandalizando o asustando a los otros al mostrar su
cuerpo; si tuviera rasgos de carácter reactivo sufriría de un pudor exce-
sivo, tanto que no podría tolerar que alguien viera su cuerpo ni siquiera
en el contexto de una relación íntima, y, por último, un exhibicionismo
sublimado podría expresarse en la danza o el modelaje, actividades en
las que exhibir el cuerpo es socialmente aceptable.

Al relacionar diversos rasgos de carácter con una etapa de desarrollo libidinal (en este caso la etapa anal), Freud abrió la puerta para que **Abraham** (1927) investigara cómo las vicisitudes en el control y la satisfacción de los impulsos asociados a otras etapas (la oral y la fálica) contribuían a la formación del carácter y, posteriormente, para que Reich (1949) propusiera una tipología del carácter, que influyó en muchos psicoterapeutas corporales posteriores (Baker, 1974; Lowen, 1958, 1975; Pierrakos, 1987; Serrano, 1990). Todos estos autores parten de la premisa de que los conflictos, traumas y carencias de las etapas tempranas del desarrollo generan patrones más o menos estables de comportamiento, de acuerdo con los cuales el psicoterapeuta determina un plan de tratamiento.

En síntesis, las aportaciones teóricas y prácticas de Reich se derivan de la suposición de que el conflicto es la base del psiquismo humano. La primera versión o, en palabras de **Gedo y Goldberg** (1980), el primer "modelo de la mente", es el del "arco reflejo": los impulsos buscan expresarse y hay circunstancias que impiden su descarga, lo cual produce síntomas. La versión más compleja postula un aparato mental constituido por el Yo, el Súper Yo y el Ello, que por naturaleza chocan constantemente entre sí. El particular equilibrio de fuerzas que cada uno alcanza se vuelve un patrón más o menos fijo que constituye el carácter.

Movimiento y contacto físico en Freud y sus discípulos

La mayoría de los psicoanalistas asegura que Freud recomendaba a sus discípulos no tocar a sus pacientes como parte de un método que exigía el mínimo contacto entre el médico y sus consultantes (Gay, 1989). Sin embargo, olvidan que, además de practicar la hipnosis y la sugestión, él mismo reportó que masajeó al menos a dos de sus pacientes a finales del siglo XIX. En un caso, bajo hipnosis ligera, masajeó los maseteros de una cantante, cuya contractura le impedía ejercer su profesión, con lo cual la curó de inmediato. También solía presionar la frente de sus pacientes para ayudarles a evocar imágenes y recuerdos (Breuer y Freud, 1985). Más adelante creó una técnica que restringía el movimiento de los pacientes al hacer que se recostaran en un diván, y limitó el contacto físico al saludo convencional. Años después reprendió a uno de sus discípulos favoritos, **Sandor Ferenczi**, por saludar de beso a sus pacientes (Gay, 1989).

El propio Ferenczi experimentó con "técnicas activas" y "técnicas de relajación" (Thompson, 1950). Las primeras implicaban demandas y también prohibiciones (Hoffer, 2003). Como ejemplo de las demandas, Ferenczi relata un caso en el que le pidió a una joven que cantara una canción que su hermana solía entonar, lo que le permitió explorar los conflictos que tenía con ella. Algunas prohibiciones eran pedir a sus pacientes que no fueran al baño antes de entrar a las sesiones o que no se movieran durante las mismas. En palabras de Ferenczi, se trataba de requerir lo inhibido e inhibir lo que no lo estaba, con el objeto de cambiar la distribución de la energía psíquica y de "elevar la presión" para vencer las resistencias, pudiendo así revelar el material reprimido (Ferenczi, 1920). La acción no era un fin en sí misma, sino un medio para que surgieran nuevas asociaciones.

Si con las técnicas activas Ferenczi intentaba aumentar la tensión, en una segunda etapa experimentó con técnicas de relajación en las que buscaba darle a los neuróticos la aceptación y el cariño que no tuvieron cuando niños, al invitarlos a comportarse como si tuvieran tres años de edad y responderles como un buen padre. Este tipo de "experiencias emocionales correctivas" han sido utilizadas por muchos psicoterapeutas de diversas corrientes, como **J. L. Moreno** (Latner, 1973); **Franz Alexander** (Alexander y French, 1946), y en el ámbito de la psicoterapia corporal, **Luciano Rispoli** (2004), **Ron Kurtz** (2008b) y **Al Pesso** (1997). En esencia, se trata de que, al recuperar una experiencia reprimida o incompleta, los consultantes tengan la oportunidad de vivirla de otra manera, con un desenlace distinto, toda vez que el psicoterapeuta crea una situación en la que el trauma o la herida no se repiten. Por supuesto, puede suceder lo contrario. El mismo Ferenczi reconoció que en algunas ocasiones su técnica podría recrear los traumas infantiles de sus pacientes, pero en todo caso, fue el primer analista en poner énfasis en la experiencia sobre el *insight*, adelantándose a su tiempo (Hoffer, 2003) al ir más allá de "la cura por el habla".

Georg Groddeck era médico y propietario de un sanatorio en Baden-Baden. En un principio atacó a Freud, pero después inició un intercambio epistolar con él y aplicó principios psicoanalíticos al tratamiento de enfermos considerados difíciles (Freud-Groddeck 1977; Grossman y Grossman, 1965); a su vez, influyó en Freud al grado que este tomó el concepto de ello de Groddeck (Freud, 1923; Groddeck, 1923). Groddeck estaba convencido de que "la distinción entre el cuerpo y el alma no era más que una distinción nominal" (Groddeck a Freud, 27 de mayo de 1917, en Freud-Groddeck, 1977); por ello, relacionó la contracción de los músculos y la respiración limitada con la represión, observó agudamente el comportamiento no verbal y empleó masajes profundos y conversaciones terapéuticas con objeto de ayudar a que sus pacientes se recuperaran de afecciones físicas. Considerado precursor de la medicina psicosomática, describió lo que después se llamarían las ganancias secundarias de la enfermedad (Groddeck, 1917-19181/983). Si bien en términos generales, Groddeck permaneció al margen del movimiento psicoanalítico y él mismo confesó que era un "psicoanalista silvestre" (es decir, que carecía de entrenamiento formal y sólo sabía del psicoanálisis por la lectura de libros), fue amigo de psicoanalistas de la talla de Ferenczi y **Frida Fromm Reichman** (Grossman y Grossman, 1965).

El papel de **Otto Fenichel** en los antecedentes de la psicoterapia corporal ha sido muy bien aclarado por Heller (2012). Para muchos reichianos, Fenichel fue un amigo de Reich que luego lo traicionó y atacó, pero la realidad es que el distanciamiento entre ambos puede haberse debido a la personalidad del segundo. Lo cierto es que, al menos en la década de 1920, fue Fenichel el que influyó en Reich, ayudándole a descubrir el psicoanálisis, el marxismo, la sexología y el trabajo de Elsa Gindler. En 1922 Fenichel dejó Viena para instalarse en Berlín, donde conoció a Clare Nathanson, alumna de Gindler, con la que después se casó. Las clases de Gindler lograron curarlo de sus migrañas, cosa que no habían conseguido diferentes médicos o el psicoanálisis. En el Instituto Psicoanalítico de Berlín se analizó con Sandor Radó y seguramente conoció a Franz Alexander, uno de los precursores de la medicina psicosomática. En 1928, Feinchel publicó un artículo sobre las tensiones musculares, en el cual propuso analizar la dinámica del cuerpo para acceder a la dinámica emocional que regulaba los pensamientos y la conducta (Heller, 2012, pp. 422-425).

Pierre Janet

Las aportaciones de Pierre Janet al tratamiento de la disociación y el trauma se han revalorado en las últimas dos décadas (Ogden, Minton y Pain, 2006; Van der Hart y Friedman, 1989) y, debido a que se ocupó del cuerpo tanto en la teoría como en la práctica de la psicoterapia, Young (2005b) considera que él fue el primer psicoterapeuta corporal.

Janet pensaba que existían tendencias al movimiento en todos los niveles de la vida psíquica. De hecho, el movimiento le daba forma a la mente al tiempo que la mente le daba forma al movimiento. Estas tendencias al movimiento podían ser primitivas y orientadas al pasado o más complejas e integradas y orientadas al presente (Van der Hart y Friedman, 1989). En el primer caso, que él llamó automatismo psicológico, las acciones disociadas representan intentos de continuar la acción que empezó en el evento traumático, y se repiten hasta el agotamiento (Van der Kolk, 2006). Las sensaciones, recuerdos y movimientos están en función de una situación pasada y no se completan.

Para Janet, la transformación del movimiento puede prevenir o eliminar problemas mentales. En el caso del trauma, llevaba a sus pacientes a realizar "actos de triunfo", es decir, aquellas acciones defensivas que les hubieran ayudado a escapar o a impedir el evento traumático (Ogden, Minton y Pain, 2006). Desde luego, los "actos de triunfo" también pueden calificarse como experiencias emocionales correctivas.

El abandono de la hipnosis como técnica de tratamiento a principios del siglo XX y la creciente popularidad del psicoanálisis contribuyeron a que el trabajo de Janet no se leyera o tomara en cuenta; sin embargo, en la actualidad, destacados investigadores de la psicología del trauma (Van der Kolk y Friedman, 1989; Van der Kolk, 2006) y psicoterapeutas corporales (Ogden, Minton y Pain, 2006) concluyen que su trabajo fue visionario y señala nuevas direcciones de tratamiento del trauma y los trastornos disociativos.

Wilhelm Reich

Biografía

El hecho de que Wilhelm Reich sea considerado el padre de la psicoterapia corporal (Aposhyan, 2004; Martolck y Weiss, 2006; Totton, 2002), o al menos un referente histórico imprescindible (Caldwell, 1996), justifica la inclusión de un apartado en el que se exponga una sinopsis de su biografía, sin la cual su contribución a la teoría y la práctica de la corriente que nos ocupa quedarían fuera de contexto. Incluso ahora, a más de cincuenta años de su muerte, muchas escuelas utilizan los conceptos que él propuso y también variaciones de las técnicas que empleó, aunque no siempre le otorgan el debido crédito. Sus aportaciones a la psicoterapia corporal se han refinado, modificado o cambiado de nombre, pero no dejan de estar en la raíz de muchas "nuevas" escuelas de psicoterapia corporal.

No es fácil dar cuenta de la vida y obra de Reich[4] sin caer en simplificaciones o apasionamientos. Este médico, psiquiatra, psicoanalista, educador sexual, investigador y comunista militante vivió en siete países y en todos, de una u otra manera, se le persiguió y atacó. La Asociación Psicoanalítica lo expulsó por comunista y los comunistas no lo aceptaban por ser psicoanalista, mientras que los nazis le pusieron precio a su cabeza por ser psicoanalista, comunista y judío. Sus libros versan sobre temas tan variados como la psicoterapia, el orgasmo, el fascismo, la sexualidad y los jóvenes, la relación entre el marxismo y el psicoanálisis, el cáncer y los objetos voladores no identificados (Boadella, 1975; Ollendorf Reich, 1969/1988; Raknes, 1970/1990; Sharaf, 1983).

Tanto en vida como tras medio siglo de haber muerto, la obra y la vida personal de Reich han sido objeto de críticas descalificadoras, no siempre justas, por un lado, y de idealizaciones groseras, por otro. Para algunos es un genio, innovador y padre de la psicoterapia corporal, en tanto que para otros era paranoico y charlatán. La intensidad con la que vivía su trabajo y su perenne exigencia de que sus amigos, sus seguidores y sus mujeres lo siguieran en todo con la misma entrega que él ponía en cualquier cosa que decidía emprender, provocaron que a fin de cuentas muchos de los que un día lo admiraron no quisieran saber ya de él. Además, por haberse ocupado de tantos y tan variados temas, pocos pueden seguirlo o comprender toda su obra. Muchos estudiosos opinan que Reich fue un excelente psicoanalista que empezó a enloquecer en la década de 1920. Otros aprecian su época militante y sus escritos respectivos, pero no le prestan importancia a sus trabajos en torno a la energía.

---

[4] Esta sinopsis se basa en las que a mi juicio son las mejores biografías de Reich: *Fury on Earth*, de Myron Sharaf, quien fue su discípulo y paciente, y *Wilhelm Reich, la vida de un heterodoxo*, de Ilse Ollendorff, su tercera esposa y madre de su hijo Peter. También se toman datos de *Wilhelm Reich: The evolution of his work*, de David Boadella, y de *Wilhelm Reich y la Orgonomía*, de Ola Raknes, decano de sus seguidores en Europa. Las referencias no se citan en cada párrafo para evitar repeticiones.

Algunos más piensan que hay que estudiar la totalidad de su obra y encuentran un hilo que une a tan diversos temas: el estudio de la energía vital. Como conclusión, de todo puede acusarse a Reich menos de no tener intereses variados.

En su niñez y adolescencia Reich vivió en una hacienda en los confines del Imperio Austrohúngaro, como primogénito de un rico terrateniente. En el lapso de cuatro años, su vida cambió por completo. Su madre se suicidó y dos años después su padre murió de tuberculosis, lo que de súbito dejó al joven Wily al frente de una hacienda. Al año siguiente estalló la Primera Guerra Mundial y su propiedad, vecina al Imperio Ruso, fue escenario de algunas de las primeras batallas. Fue entonces cuando perdió todo y se unió al ejército.

Al terminar la guerra Reich se encontraba en Viena, como tantos refugiados de las provincias del viejo imperio. En 1919 ingresó a la Universidad de Viena a estudiar leyes, pero pronto se cambió a la carrera de medicina. En sus diarios de aquellos tiempos (Reich, 1990), conocemos a un joven pobre que a duras penas soportaba el frío del invierno austriaco al tiempo que cortejaba a sus acomodadas compañeras, quienes, advirtiendo su situación, a veces lo invitaban a sus casas para que disfrutara de la calefacción, el café y las galletas.

Durante una clase de anatomía en el primer año, Otto Fenichel,[5] uno de sus compañeros –que luego sería un psicoanalista muy conocido– pasó una nota invitando a sus compañeros a organizarse en un seminario en el que se tratarían temas no cubiertos en el plan de estudios de la carrera, como la sexualidad. Naturalmente, las lecturas sobre sexualidad llevaron a los jóvenes estudiantes a Berggasse número 19, en donde vivía y daba consulta el ya célebre profesor Sigmund Freud. Según cuenta el propio Reich, Freud se mostró muy entusiasmado por el interés de los estudiantes de medicina en su trabajo y les regaló algunos de sus libros.

Al año siguiente el joven Reich empezó a atender pacientes, referidos por el propio Freud, y fue admitido en la Sociedad Psicoanalítica de Viena. En ese tiempo todo lo que se necesitaba para ser psicoanalista era presentar un trabajo ante la Sociedad y contar con el beneplácito de Freud.

En la década de 1920 se dudaba de la eficacia del psicoanálisis. El mismo Freud admitía que algunos pacientes se curaban con la técnica y

---

[5] Ver supra.

otros no. Reich propuso que todos los pacientes tenían alteraciones sexuales y sólo los que alcanzaban "satisfacción genital efectiva" podían superar su neurosis. Si bien su propuesta fue rechazada por la Sociedad Psicoanalítica, él, con su actitud característica, continuó sus investigaciones. En 1927 publicó *La función del orgasmo*,[6] donde sostuvo, para expresarlo en palabras sencillas, que no todos los orgasmos son iguales. Hay ocasiones en que tanto hombres como mujeres experimentan clímax sexuales incompletos, que proporcionan cierto alivio a la tensión y una satisfacción limitada. La potencia orgásmica, en cambio, es una entrega total a las sensaciones y los movimientos espontáneos del organismo, con la cual se descarga la energía sobrante que, de permanecer en el cuerpo, serviría para mantener la neurosis. Algunas de las características de la potencia orgásmica son la ausencia de fantasías extrañas durante el coito, los movimientos pélvicos involuntarios que preceden a la culminación del acto y una sensación de fundirse con la pareja, perdiendo momentáneamente la consciencia. La mayoría de los psicoanalistas no estuvieron de acuerdo con esta postura, pero, como muchos de sus críticos posteriores, no se molestaron en leer su trabajo. Para muchos, aún hoy en día, lo que Reich proponía es "coger" para aliviar la neurosis. El mismo Freud, cuando Reich le regaló *La función del orgasmo*, exclamó "Es tan grueso". ¡Al padre del psicoanálisis, muchas veces acusado de exagerar sobre la importancia de los impulsos sexuales y hasta de pornógrafo, escribir todo un libro acerca del orgasmo le pareció demasiado!

Lo cierto es que Reich merece ser reconocido como un pionero en la investigación y educación de la sexualidad. En la Viena de 1929 repartía condones y formó un equipo interdisciplinario en el que él daba pláticas a hombres y adolescentes, una ginecóloga a las mujeres y una educadora a los niños de los barrios pobres y pueblos circundantes. A veces el grupo repartía de puerta en puerta panfletos con información en torno a la sexualidad. Estas actividades ocasionaron que, en más de una ocasión, fueran perseguidos por la policía y arrestados con cargos como corromper a la niñez.

---

[6] Este texto fue reeditado en inglés como *Genitality* debido a que Reich publicó un libro distinto con el mismo título, aparecido en 1942. Es este el que está traducido al español en Paidós.

El 15 de julio de 1927 fue un día muy importante en la vida de Reich. Meses antes, miembros un grupo de choque de derecha habían disparado contra una manifestación social demócrata, matando a dos personas, una de ellas un menor de edad. El 14 de julio de ese año los asesinos fueron absueltos y al día siguiente, al conocerse la noticia, una multitud se congregó frente al Palacio de Justicia de Viena y lo incendió. La policía disparó contra los manifestantes, hubo noventa muertos y más de mil heridos. Esa tarde, uno de los pacientes de Reich le informó de los hechos y fueron juntos a la manifestación. Lo sucedido lo llevó a militar en diversas organizaciones de izquierda, con la bandera de que la supresión de la sexualidad ocasionaba pérdida de la vitalidad y, en última instancia, sumisión, tanto en la familia como en el estado autoritario.

Más tarde, en Alemania, Reich encabezó la Asociación Alemana para la Política Sexual del Proletariado (SEXPOL), con propuestas como la distribución gratuita de anticonceptivos, la despenalización del aborto y una educación sexual que afirmara la importancia de una vida sexual plena en la prevención de la neurosis. Al mismo tiempo, formaba parte del cuerpo docente del Instituto Psicoanalítico de Berlín, fundado por Karl Abraham. Cuando vivió en Noruega, entre 1933 y 1939, investigó lo que en realidad pasaba en el cuerpo de las personas cuando estaban excitadas sexualmente, 30 años antes de la publicación de *La respuesta sexual humana*, trabajo que diera fama a William Masters y Virginia Johnson. Pero repartir condones, educar a los niños sobre temas sexuales u organizarse por la despenalización del aborto eran propuestas demasiado radicales, aun para Alemania o los países escandinavos. Ni siquiera la izquierda "oficial" estaba preparada para eso. En Austria, el partido socialista no apoyó a Reich por miedo a perder el voto católico y, por su parte, a los comunistas les parecía que la distribución de anticonceptivos apoyaba propuestas maltusianas, y por tanto, contrarias al marxismo.

La militancia política no impidió que Reich se preocupara por la técnica y la teoría del psicoanálisis. A partir de esos intereses, desarrolló una forma de hacer psicoterapia que no se limitaba a lo verbal. Reich propuso que, en lugar de analizar sólo lo que los pacientes decían, había que poner atención a cómo lo decían, es decir, a las posturas, gestos y movimientos habituales que acompañaban su discurso o que aparecían en lugar de él. Esto lo llevó a describir en detalle las tensiones de sus consultantes y el modo en que disminuían su vitalidad. Después les pedía que intensificaran las tensiones para que fueran más conscientes de ellas y, por último, que se abandonaran a la expresión espontánea de su cuerpo. Entonces presionaba con fuerza los músculos que tuvieran contraídos, con el objeto de despertar las emociones reprimidas y en ocasiones, recuerdos que hubieran sido relegados. Muchas veces estos procedimientos provocaban fuertes descargas emocionales, a tal grado que en una ocasión, los vecinos llamaron a la policía al oír los gritos de uno de sus pacientes.

Una vez que creó su propia forma de hacer psicoterapia, movilizar emociones era para Reich sinónimo de movilizar energía, pues pensaba que el objetivo de esta técnica consistía en restablecer el libre flujo de la energía en el organismo.

Estaba convencido de que la energía de la sexualidad y las emociones se reprimía por prácticas culturales que hacían que las personas se volvieran rígidas en los aspectos psicológico y corporal, conformando una armadura o coraza del carácter que suprimía la expresión espontánea de su vitalidad. Su forma de hacer psicoterapia implicaba la disolución de esa coraza.

En la década de 1930, un método terapéutico que requería que los pacientes se despojaran de la ropa e hicieran movimientos extraños para propiciar la descarga emocional era, por lo menos, muy controvertido. Si a eso sumamos que Reich fue militante de izquierda, investigador de la sexualidad y promotor de la salud sexual comunitaria, quedará claro que se trató de un hombre adelantado a su tiempo, con ideas y prácticas difíciles de aceptar para sus contemporáneos.

Para cuando llegó a Estados Unidos, en 1939, le interesaba más investigar la energía vital, a la que entonces llamaba orgón, que la psicoterapia, aunque seguía viviendo de su práctica profesional. Sus investigaciones sobre la energía lo llevaron a proponer aplicaciones prácticas tan diversas como bombardear nubes con cañones de orgón, contrarrestar los efectos de la radiación y buscar una cura para el cáncer. Esto último fue el pretexto que necesitaban las asociaciones de psiquiatras y psicoanalistas para orquestar una persecución en su contra por parte de la Administración de Alimentos y Medicamentos (FDA, por sus siglas en inglés) que provocó la quema de sus libros, y finalmente, su encarcelamiento por desacato. La persecución que sufrió en sus últimos años en Estados Unidos —aunada al rechazo de Freud y el movimiento psicoanalítico, así como su persecución en Europa– provocó que durante la década de 1950 su reducido círculo de discípulos se dispersara y la psicoterapia corporal sólo fuera practicada por unos cuantos discípulos escandinavos, entre los que destacaba Raknes, y estadounidenses, como Baker, Lowen, Sharaf y Pierrakos (Young, 2010).

El 3 de noviembre de 1957, Wilhelm Reich murió mientras dormía en su celda de la penitenciaría federal de Lewisburg, Pennsylvania, a los sesenta años de edad.

A mediados de la década de 1960, el Movimiento del Potencial Humano y los grupos de encuentro consiguieron que la sociedad se permitiera la expresión de las emociones, una sexualidad más libre y el trabajo psicoterapéutico con el cuerpo. En esos momentos Reich se convirtió en un icono de la contracultura y de ser perseguido pasó a ser idealizado, pero, de nuevo, no siempre fue leído y menos aún comprendido.

Como psicoterapeuta, Reich tuvo discípulos que a su vez fueron maestros o creadores de escuelas. En Berlín fue analista de **Fritz Perls**, quien años más tarde crearía la psicoterapia Gestalt, que tiene mucho del análisis del carácter que Reich practicaba entonces. Cuando vivió en los países escandinavos tuvo por discípulos y pacientes a **Ola Raknes, Nick Waal, Harald Schelderup** y **Alexander Sutherland Neill**. Sin duda, los más conocidos son Raknes –quien luego entrenaría psicoterapeutas en Noruega, Francia e Italia– y Neill, el controvertido educador, famoso por su escuela *Summerhill*. El hecho de que ambos fueran mayores que Reich, y que hubieran alcanzado logros profesionales antes de conocerlo, probablemente ayudó a que no se dejaran llevar por el lado oscuro de Reich y se distanciaran de él, como sucedió con la mayoría de sus discípulos europeos. Por el contrario, siguieron siendo sus amigos, mantuvieron una extensa correspondencia con él [7] e incluso lo visitaron en Estados Unidos después de la Segunda Guerra Mundial. Según Boadella (1973: 229), la amistad con Neill fue "uno de los sucesos más felices en la vida de Reich" e, inspirado por su trabajo, en los últimos años de su vida puso énfasis en la educación y la autorregulación por encima de la psicoterapia.

---

[7] La correspondencia entre Reich y Neill se compiló en Placzeck (1981), mientras que la que Reich sostuvo con Raknes no se publicó comercialmente, aunque existe una versión fotocopiada, distribuida por los discípulos del último.

Por último, en Estados Unidos, sus discípulos más conocidos fueron Alexander Lowen, creador del Análisis Bioenergético, y John Pierrakos, socio de Lowen, quien más adelante desarrollaría su propia escuela, la Core energética. Algunos de sus seguidores estadounidenses ortodoxos fueron **Elsworth Baker**, **Chester Raphael** y **Morton Herkowitz**. Fue al primero a quien encargó la formación de terapeutas después de su muerte, y en quien confió tanto como para canalizar a su hija Eva y a su mujer Ilse para que fuera su psicoterapeuta (Langfeld *et al.*, 2004; Sharaf, 1983).

El carácter

En 1922, Reich propuso la creación de un seminario sobre técnica psicoanalítica, en el que los jóvenes analistas supervisaran casos. Participó en el seminario desde su fundación y lo dirigió de 1924 a 1930. En ese tiempo, según él, había tantas formas de hacer psicoanálisis como analistas (Reich, 1949). La recomendación de los psicoanalistas experimentados era tener paciencia y analizar el material a medida que se presentara, pero eso podía ocasionar situaciones caóticas, en las que los pacientes asociaban libremente sin llegar a nada significativo y sin mejorar. Reich intentó dar un orden al trabajo en el consultorio proponiendo, en un primer momento, analizar las resistencias y la transferencia.

Ya Freud había descubierto que muchos pacientes se resistían a la emergencia del material inconsciente y no recordaban, ni asociaban o relataban sus sueños, por lo que había que analizar estas resistencias. De ahí partió Reich para concluir que tanto la transferencia positiva como la negativa podían oponerse a los fines del tratamiento, es decir, convertirse en resistencias. Específicamente, el hecho de que el paciente sólo tuviera sentimientos transferenciales positivos podía ser una forma de evitar los sentimientos negativos que se suscitaban en el análisis, y cuya expresión y comprensión eran indispensables.

Al analizar la transferencia, Reich observó que los pacientes se resistían al análisis de modos característicos, lo que lo llevó a deducir que la resistencia más importante es a la vez el principal rasgo de carácter, que se mostraba no en lo que el paciente decía sino en cómo lo decía (Boadella, 1973; Raknes, 1970). En otras palabras, los rasgos de carácter más conspicuos, es decir, la forma típica con la que alguien se presenta al mundo, también pueden ser una resistencia. Por ejemplo, la exagerada "buena educación" o la rigidez características impiden que afloren los afectos en el proceso analítico, de manera que los pacientes recuerdan, sueñan o hacen asociaciones porque son "buenos pacientes" o porque se adhieren a las reglas explícitas de la situación analítica, pero sin que aparezcan las emociones necesarias para que su análisis avance (Sharaf, 1983).

En resumen, al intentar poner un orden en el tratamiento psicoanalítico, Reich pasó del análisis de las resistencias al análisis del carácter, que implicaba poner más atención a la forma en que se comunicaban los pacientes que al contenido de la comunicación en sí. Al tiempo que un paciente contaba su historia, su postura, sus movimientos habituales, sus tonos de voz o su forma de respirar "hablaban" de él mismo, dando cuenta de cómo estaba en ese momento y de cómo su pasado se hacía evidente en el presente. Por consiguiente, la comunicación no verbal mostraba que el comportamiento de los pacientes en el consultorio era un botón de muestra de su historia y de cómo esta influía en su vida cotidiana. En el consultorio y en todas sus actividades se presentaban, por ejemplo, seguros o inseguros, retadores o sumisos, y esa seguridad, inseguridad, sumisión o actitud retadora eran resultado de su intento por adaptarse al ambiente familiar en los primeros años de la vida, en los que tenían que mostrar esas actitudes para sobrevivir emocionalmente, a la vez que encubrían otras actitudes y emociones que no eran aceptables (Raknes, 1970; Reich, 1949).

Al analizar el carácter Reich descubrió que los diferentes rasgos dependían unos de otros y, en conjunto, constituían una defensa que servía para proteger a la persona de sus propios afectos y también para defenderse de un medio ambiente que percibía como peligroso. El conjunto de rasgos formaba una coraza o armadura, que se expresaba en lo psíquico y en lo corporal. Una vez formado, el carácter mantenía su función defensiva, lo que impedía la expresión de las emociones mediante tensiones musculares crónicas (Boadella, 1973; Reich, 1948, 1949).

En relación con la teoría psicoanalítica, Reich (1949) concibió al carácter como un endurecimiento crónico del Yo, en el cual las represiones se pegan entre sí y adquieren una forma definida como resultado de la situación edípica. En específico, el tipo de carácter depende de:

Qué impulsos se prohibieron y cuáles se permitieron.[8] Por ejemplo, en algunas familias está bien llorar, pero no enojarse.

En qué momento del desarrollo se prohibieron los impulsos. Por ejemplo, una niña puede moverse de muchas maneras que quedan prohibidas cuando empieza a convertirse en mujer.

Quién los prohibió y quién los permitió, ya que en muchos casos, por ejemplo, el padre prohíbe algo que la madre tolera.

El concepto de carácter es central en la teoría de Reich. Al encontrar que guarda relación con las tensiones del cuerpo, las que en conjunto forman una armadura, Reich "corporalizó" al psicoanálisis. Los impulsos inconscientes, la distribución de la energía, la relación entre las instancias psíquicas y, en fin, el carácter, podían "leerse" en las actitudes corporales (Ortiz, 1999).

Todos los intentos posteriores de relacionar las actitudes o los rasgos de carácter con la apariencia y movimiento del cuerpo (Boadella, 1987; Dychtwald, 1977; Keleman, 1984; Kurtz y Prestera, 1976; Lowen, 1957, 1975; Navarro, R., 1984; Johnson, 1985, 1987, 1991), al menos en Occidente, le deben mucho a Reich.

Aunque estudiar la obra política de Reich va más allá de los objetivos de este trabajo, cualquier exposición de sus aportaciones a la teoría y la práctica quedaría incompleta sin mencionar al menos que trató de fomentar la salud mental y física más allá de su consultorio de psicoanalista. Creía firmemente que no sólo había que estudiar el carácter en los individuos sino en la sociedad. Al reprimir la sexualidad de los niños, la familia rígida los preparaba para someterse a los estados autoritarios a la vez que los condenaba a la neurosis.

Por esta convicción emprendió actividades como fundar y financiar clínicas de higiene sexual para trabajadores, encabezar un movimiento en el que se pretendía cambiar la legislación en materia sexual y promover el parto natural, entre otras formas de prevenir la neurosis (Boadella, 1973; Sharaf, 1983).

---

[8] Reich se refería a impulsos orales, anales, entre otros. Los ejemplos que aquí se utilizan intentan dar una visión más amplia de los impulsos, que incluya comportamientos con componentes emocionales.

Reich como psicoterapeuta: del psicoanálisis a la orgonterapia

Reich atendió a sus primeros pacientes en el invierno de 1919-1920 y continuó trabajando hasta la década de 1950. Empezó siendo psicoanalista y acabó por desarrollar su propia forma de trabajo, a la que asignó nombres ligados con sus intereses y desarrollos teóricos en distintas épocas. En la década de 1930 pensaba que la energía tenía que ver con el sistema nervioso vegetativo, por lo que llamó a su trabajo vegetoterapia caracteroanalítica y, posteriormente, cuando hizo experimentos con una energía a la que llamó orgón (por orgasmo y organismo), decía que practicaba la orgonterapia. Puesto que nunca escribió un manual sobre esos métodos y sólo existe una historia clínica relativamente detallada del tratamiento de un paciente esquizofrénico, no sabemos cómo trabajaba realmente. Algunos de sus pacientes crearon nuevas técnicas, o enseñaron lo que aprendieron de él destacando ciertos aspectos de su método, tal vez sin tomar en cuenta que su forma de trabajo cambiaba de un paciente a otro y evolucionaba con el tiempo (Boadella, 1973; Sharaf, 1983; Reich, 1949, 1949).

Desde sus primeros años de atender a pacientes, en los años 1920, Reich se ocupó de la sistematización y la eficacia del psicoanálisis. Según él, en ese tiempo la mayoría de los psicoanalistas se limitaba a esperar con actitud pasiva la aparición de material inconsciente e interpretarlo sin orden alguno. Muchas personas hablaban de su infancia o de su vida cotidiana o relataban sus sueños sin sacar a relucir sus emociones y los resultados no siempre eran positivos. Casi todos los analistas creían que si no había progreso en el tratamiento, la culpa era de los pacientes, que se resistían. Reich propuso un análisis cuidadoso de las resistencias y la transferencia negativa. Como vimos antes, pronto advirtió que las resistencias más importantes eran una manifestación de los principales rasgos de carácter (Boadella, 1973; Raknes, 1970; Reich, 1949, 1949).

A raíz de estos hallazgos, se centró en el análisis del carácter, tomando más en cuenta la forma (el cómo) que el contenido de la comunicación. En otras palabras, atendía cada vez más a las actitudes de sus pacientes, tal como se presentaban en las sesiones, que a la historia de sus vidas. El relato de Nic Waal (1958), quien fue su paciente y discípula en Noruega, ilustra su forma de trabajar con los aspectos defensivos de sus actitudes características:

De inmediato detectó que yo había usado un erotismo vital como defensa contra la agresión y la depresión. También detectó que tenía severos problemas alrededor de la agresión, que era falsamente amable y falsamente decía que sí a todo. (…) Pude soportar ser aplastada por Reich porque amaba la verdad. Y extrañamente no me aplastó. En la terapia su voz fue amable. Se sentó junto a mí y me hizo mirarlo. Me aceptaba y aplastaba sólo mi vanidad y falsedad.

El recuento de Waal merece comentarse con detalle. Reich ataca las defensas (la falsa amabilidad y la vanidad) y las aplasta, pero, por otra parte, es cálido y cercano. Al "aplastar las defensas", intenta "sacar" la agresividad. En la versión de *Análisis del carácter* Reich utilizó una expresión muy elocuente *"ferret out" agression*, en referencia a los hurones *(ferrets)*, carnívoros que se introducían a las guaridas de los conejos para sacarlos, de donde *ferret out* implica sacar algo –la agresión, en este caso– con persistencia, astucia y violencia.

Al centrarse en el carácter, Reich puso cada vez mayor atención al comportamiento no verbal. Al principio describía detalladamente las tensiones del paciente y el modo en las que estas disminuían su vitalidad, o bien, les hacía notar los cambios en la expresión al tratar determinados temas. Después pasó a imitarlos o pedirles que intensificaran las tensiones para que adquirieran más consciencia de ellas, lo que con frecuenta hacía surgir la emoción que había sido reprimida con la tensión crónica de esos músculos (Boadella, 1973; Reich, 1949). Para Reich (1949), las emociones eran manifestaciones de una energía biológica. Poco a poco, la movilización de la energía y el desbloqueo del cuerpo cobraron mayor importancia en su trabajo clínico, ya que estaba convencido de que las actitudes musculares y los rasgos de carácter, en su aspecto psicológico, desempeñaban la misma función en el aparato psíquico, y podían influirse y reemplazarse mutuamente. Como vimos, en la década de 1930 pensó que la energía tenía que ver con el sistema nervioso vegetativo, por lo que denominó a su trabajo vegetoterapia caracteroanalítica. Heller (2012) considera que, al crear la vegetoterapia, Reich pudo haber modificado técnicas aprendidas de Elsa Gindler y Rudolph Von Laban por medio de su compañera de esos tiempos, Elsa Lindeberg, quien era bailarina, así como de colegas escandinavos, como Raknes y Nic Waal, que conocían el masaje y la gimnasia suecos y el método de relajación de

Jacobson. En todo caso, Reich creó una técnica original, que integraba el trabajo con el cuerpo con los principios del psicoanálisis.

El recuento de las primeras sesiones de algunos de sus discípulos estadounidenses muestra que en esa época, el trabajo corporal tenía preponderancia. Según Lowen (1975), "el primer paso era llevar al paciente a respirar fácil y profundamente para después movilizar la expresión emocional más evidente y, al final, desarrollar la capacidad de abandonarse a los movimientos espontáneos e involuntarios que eran parte del proceso de respiración". El relato de Elsworth Baker (1976) da cuenta de las acciones concretas que Reich llevaba a cabo para lograrlo. En la primera sesión Reich presionó su pecho hasta que cedió por completo y después le hizo morder un rollo recubierto de cuero, golpear el diván e intentar doblar su brazo, buscando que expresara emociones, en particular coraje.

La segunda generación de psicoterapeutas corporales: la herencia de Reich

Si consideramos que Reich fue el padre de la psicoterapia corporal, podemos afirmar que sus discípulos formaron una segunda generación de psicoterapeutas corporales y que los alumnos de estos últimos, muchos de los cuales estaban trabajando en el siglo XXI, constituyen una tercera generación. Cada generación corresponde a periodos con características diversas y conocerlas puede ayudarnos a comprender los fundamentos de las diferentes modalidades de psicoterapia corporal. Aunque se podrían citar excepciones a esta clasificación, resulta de utilidad para exponer las características de la mayoría de las escuelas.

El primer periodo abarca desde 1926, cuando Reich empezó a hacer aportaciones originales a la teoría y la técnica psicoanalíticas, hasta 1950. Si bien murió en 1957, en sus últimos años la psicoterapia no era una prioridad para él, de modo que sus contribuciones a la disciplina se hicieron antes de esa fecha (Boadella, 1975; Ollendorf Reich, 1969/1988; Raknes, 1970/1990; Sharaf, 1983).[9]

---

[9] La psicoterapia reichiana se ha seguido desarrollando hasta nuestros días (Blumenthal, 2001; International Federation of Orgonomic Colleges, 2007; Navarro, F., 1987; Serrano, 2007).

En esos años Reich tuvo discípulos en Alemania, los países escandinavos y Estados Unidos de América.[10]

El segundo periodo comprende de 1951 a 1980. Fue en estos años que los miembros de una segunda generación de psicoterapeutas, algunos de ellos discípulos y pacientes de Reich, propusieron nuevas formas de trabajar, publicaron libros que alcanzaron gran difusión y alcanzaron la fama, en tanto que otros, más cercanos a las enseñanzas de su maestro, hicieron contribuciones más ortodoxas a la psicoterapia reichiana. Entre los primeros están Fritz Perls, Alexander Lowen y John Pierrakos, y algunos de los más destacados reichianos son Ola Raknes, **Elsworth Baker** y **Morton Herkowitz**.

En 1951 se publicó Gestalt Therapy (Perls, Hefferline y Goodman, 1951). **Fritz Perls** fue paciente de Reich en Berlín, entre 1932 y 1933. El nazismo obligó a Perls a emigrar y, en el relativo aislamiento de Sudáfrica se apartó gradualmente del psicoanálisis ortodoxo. Emigró a Estados Unidos en 1946 y empezó a atender pacientes, apoyado por psicoanalistas como **Erich Fromm** y **Clara Thompson** (Shepard, 1975). En 1952, junto con su esposa Laura y un grupo de seguidores estadounidenses, fundó el Instituto Gestalt de Nueva York. Aunque su forma de hacer psicoterapia es una síntesis brillante de muchas formas de trabajo y siguió evolucionando, siempre incluyó mucho del análisis del carácter que Reich practicó desde finales de la década de 1920. Perls prestaba permanente atención a la comunicación no verbal y a cómo se presentaban sus pacientes en cada momento de las sesiones, y era muy afecto a confrontarlos. En 1960, Perls contaba con algunos seguidores devotos en diferentes ciudades de Estados Unidos. Cuatro años más tarde se estableció en Esalen, la meca del movimiento del potencial humano y dio a conocer su terapia Gestalt a un público mucho más amplio. Perls conducía sesiones individuales frente a grupos, incluso en auditorios con gran cantidad de espectadores (Perls, 1969; Shepard, 1975).

Algunos de sus discípulos adaptaron sus métodos y técnicas para trabajar con el grupo, de suerte que la Gestalt fue experimentada por

---

[10] La mayoría de sus discípulos y pacientes en el periodo en el que enseñó en Berlín se consideraron psicoanalistas, con la excepción de Fritz Perls, quien posteriormente creó la psicoterapia Gestalt. En Dinamarca, Suecia y Noruega tuvo seguidores propiamente reichianos, que asignaron denominaciones diversas a su trabajo.

muchas personas hasta convertirse, en las décadas de 1960, 1970 y 1980, en una de las escuelas más conocidas de Estados Unidos y de otros países de Occidente[11] e influir en numerosos psicoterapeutas que trabajaban con el cuerpo (Shutz, 1969, 1973).

En 1956, Alexander Lowen y John Pierrakos fundaron el Instituto de Análisis Bioenergético en Nueva York (Lowen, 2004). Los dos habían sido discípulos de Reich en Estados Unidos y Lowen, además, fue su paciente. A partir de 1958 Lowen publicó diversos libros que alcanzaron amplia difusión (Lowen, 1958, 1965, 1967, 1970, 1972, 1975, 1980, 1988, 1993, 1995; Lowen y Lowen, 1977). En todos esos años Lowen impartió cursos en diferentes partes del mundo y su trabajo se popularizó tanto que la bioenergética, una técnica en la que se usaban posturas estresantes y movimientos expresivos para propiciar la descarga de emociones fuertes, sobre todo la agresión, se convirtió en sinónimo de psicoterapia corporal. Más adelante, Pierrakos (1967) fundó su propia escuela, la Core energética, con técnicas muy parecidas a las del análisis bioenergético, a las que incorporó "la dimensión espiritual" (1967: 9). La bioenergética de Lowen y la Core energética de Pierrakos son importantes en especial para el estudio de la psicoterapia corporal en México. Ambos visitaron el país en varias ocasiones y Pierrakos dirigió aquí un programa de formación, y —como se verá en la presente investigación– el trabajo "fuerte" con el cuerpo, en el que se presionaba a las personas para que "sacaran" sus emociones fue el primero que aprendieron la gran mayoría de los psicoterapeutas mexicanos y no pocos de ellos lo siguen practicando, al grado que para muchas personas no hay psicoterapia corporal sin gritos, golpes y otros tipos de descarga emocional.

En cuanto a los seguidores ortodoxos de Reich, Raknes (1970/1990), quien conoció a Reich en 1934[12] en un congreso de psicoanalistas escandinavos, se hizo su discípulo y paciente en otoño de ese mismo año, proceso que se interrumpió cuando Reich emigró a Estados Unidos en 1938. Al final de la Segunda Guerra Mundial Raknes viajó cinco veces a

---

[11] Tratar la historia, el método y las técnicas de la psicoterapia Gestalt va más allá de los propósitos de esta obra.

[12] Raknes tenía entonces 47 años. Entrenado como psicoanalista en Berlín, previamente había obtenido un doctorado en literatura en la Sorbona y publicado diccionarios noruego-francés y noruego-inglés, además de trabajos sobre psicología de la religión.

Estados Unidos para ver a Reich y participar en seminarios. Reich lo consideraba "uno de los pocos maestros" de orgonterapia (Serrano, 1990). A principios de la década de 1960 Raknes era considerado "el último discípulo de Reich" (http://en.wikipedia.org/wiki/ Ola_Raknes, consultada el 4 de febrero de 2010),[13] pero en la medida en que el trabajo de su maestro alcanzó difusión y reconocimiento en el contexto del movimiento del potencial humano, él mismo alcanzó reconocimiento no sólo como continuador de la obra de Reich sino por sus propias aportaciones y cualidades. Por ello Raknes impartió cursos y atendió pacientes en Dinamarca, Inglaterra, Francia, Italia, Alemania y Estados Unidos, y publicó *Wilhelm Reich y la orgonomía* (1970/1990), uno de los pocos libros que hablan de la vida y obra de Reich de modo accesible.

Ellsworth Baker, médico y psiquiatra estadounidense, conoció a Reich en 1946 y se formó como orgonterapeuta. Como vimos antes, gozó de toda la confianza de Reich y continuó formando terapeutas y dirigiendo el American College of Orgonomy (Colegio Estadounidense de Orgonomía), que permaneció muchos años como una institución de bajo perfil debido a la persecución de la que Reich y sus discípulos fueron objeto. En 1967 Baker publicó *Man in the Trap. The causes of blocked sexual energy*, un tratado que abarca toda la obra clínica de Reich, con aportaciones originales del autor.

Morton Herskowitz, el último psicoterapeuta que Reich entrenó, continuó trabajando más allá de su cumpleaños 90. También formó psicoterapeutas en su Institute for Orgonomic Science y en 1997 publicó *Emotional Armoring*.

Las psicoterapias originadas en los primeros dos periodos, es decir, las influenciadas por Reich, tienen las siguientes características:[14]

- Se basan en un modelo de conflicto, ya sea entre los impulsos y las defensas (Reich, 1949) o entre capas o aspectos de la persona, como la máscara del ser inferior y el ser superior de Pierrakos (1987).

---

[13] El artículo en Wikipedia está basado en numerosas fuentes, todas ellas en noruego, que dan fe del reconocimiento del que Raknes goza en ese país.

[14] Las características enunciadas se infieren del citado conjunto de libros de Lowen, la obra de Pierrakos (1987) y la de Reich (1949, 1949), así como de mi experiencia personal. Se omiten las citas en cada punto para facilitar la lectura.

- Suponen, por tanto, que hay partes defensivas (como la armadura o coraza del carácter) de la persona que cubren o se oponen a aspectos más "auténticos y profundos".

- Los psicoterapeutas toman partido por lo "auténtico y profundo". Para llegar a ello es necesario "movilizar emociones".

- Son, en muchos sentidos, una reacción contra el psicoanálisis, tal como sus creadores lo percibían. Si el psicoanálisis estudiaba lo "mental", para algunos de estos terapeutas la única verdad era el cuerpo. El verdadero trabajo era el trabajo con el cuerpo (Lowen, 2004), al grado que hubo quienes se quejaron de la falta de atención que sus terapeutas le prestaban a lo que decían (Sharaf, 1983). De la misma manera, el psicoanálisis se percibía como "intelectual", de tal suerte que los terapeutas corporales reaccionaban poniendo mucha atención a la expresión de las emociones y calificando el discurso como "intelectualizaciones" o defensas.

- El concepto de energía juega un papel muy importante en estas formas de trabajo, aunque, como veremos más adelante, sea difícil de delimitar y se preste a todo tipo de interpretaciones. En todo caso, muchos terapeutas hablan de "movilizar energía", lo cual muchas veces es sinónimo de despertar o provocar emociones fuertes y movimientos expresivos intensos.

- La expresión emocional es condición necesaria para lograr el cambio. En ocasiones, parece ser una meta en sí misma.

- Las técnicas características para conseguir estos objetivos son la hiperventilación, las posturas que producen estrés, los movimientos expresivos fuertes y repetitivos (como golpear con una raqueta o patalear) y el masaje fuerte para disolver las tensiones crónicas del cuerpo (Lowen, 2004; Lowen y Lowen, 1977).[15]

---

[15] Las características enunciadas se refieren sobre todo al Análisis Bioenergético y la Core energética, técnicas ampliamente difundidas en México. Estos enfoques tienen diferencias con la Vegetoterapia Caracteroanalítica que desarrolló Reich en la década de 1930 y que se ha seguido desarrollando desde entonces, tanto en Europa como en Estados Unidos de América. Tal vez la más importante de ellas sea que los seguidores ortodoxos de Reich insisten en que no hay que presionar a los consultantes para provocar reacciones emocionales intensas. También tienen similitudes, como el

En México, estas formas de trabajo son aún las más conocidas, tanto entre los profesionales como entre el público. Su intensidad asegura que tengan partidarios devotos y detractores convencidos de que pueden causar más daño que beneficio. Incluso muchos profesionales que en algún momento se identificaron como psicoterapeutas bioenergéticos terminaron por dejar el trabajo duro, o al menos dejaron de hacerlo todo el tiempo (Lowen, 2004).

Muchos de quienes experimentaron estos métodos quedaban convencidos del valor del trabajo con el cuerpo, pero a la vez rechazaban la violencia y la artificialidad de las técnicas utilizadas.

La tercera generación de psicoterapeutas corporales

Poco a poco, a partir de la propia experiencia y la experimentación con formas más suaves de trabajo, una tercera generación de psicoterapeutas corporales se dedicó a realizar una reflexión cuidadosa de lo que en realidad era sanador en la psicoterapia y modificar las técnicas para por fin llegar a nuevos métodos.

Así, en Estados Unidos se desarrollaron escuelas como el Método Hakomi (Kurtz 1990, 2008b; Kurtz y Minton, 1997); el Ciclo del Movimiento (Caldwell, 1996, 1997); el Proceso Corporal Braddock (Braddock, 1997); la Psicoterapia Corporal Integrativa (Rand, 1997); la Sinergia Rubenfeld (Rubenfeld, 1997); la Psicología Formativa (Keleman, 1979, 1985, 1986, 1987, 1989), y el Focusing Gendlin (1978). Por otra parte, en Europa[16] surgieron la Psicoterapia Funcional (Rispoli, 1993, 2004) y la Biosíntesis (Boadella, 1987).

---

partir de un modelo de conflicto y darle importancia a restablecer el flujo de energía en el organismo.

[16] Este trabajo se centra en el desarrollo de la psicoterapia corporal en Estados Unidos. Como se mencionó en la introducción, en Europa existen más de 30 modalidades de psicoterapia corporal —aunque varias de ellas se originaron en Estados Unidos o están representadas en ambos continentes— y no es fácil conseguir publicaciones sobre la mayoría de ellas. Este trabajo se centra en las modalidades conocidas en México, haciendo referencia a algunas que no se han difundido mucho en este país, pero cuyos textos son accesibles.

Las escuelas estadounidenses tienen las siguientes características en común:[17]

- Están influenciadas por la Gestalt de Fritz Perls,[18] que en esencia puede contemplarse como una forma del análisis del carácter que Reich practicaba en la década de 1930. Esto se observa sobre todo en el énfasis en el trabajo consciente y responsable en el tiempo presente.

- La toma de consciencia –*awareness*– juega un papel central en todas estas formas de trabajo. En algunas escuelas, como el Método Hakomi, se fomenta o enseña un estado particular de consciencia: la atención plena[19] (Kurtz, 1990).

- Intentan recrear experiencias que, en tiempo presente, remedien carencias en la historia de las personas (Kurtz, 1990; Kurtz y Minton, 1997; Pesso, 1997; Rispoli, 2004).

- Para fomentar esta toma de consciencia ha de crearse una relación terapéutica donde quien acuda a consulta se sienta seguro. Si en las psicoterapias que propiciaban la descarga el terapeuta era a menudo un provocador, en las nuevas escuelas debe crear un ambiente de seguridad y crear una relación que permita la cooperación del inconsciente (Kurtz, 1990) o más allá de lo racional (Rubenfeld, 1996). En ese sentido, la gran mayoría de los psicoterapeutas, corporales y de otras orientaciones, sigue las enseñanzas de Carl Rogers, quien abogó por una actitud de aceptación, respeto y empatía hacia los pacientes.[20]

---

[17] Algunas de estas características son compartidas con la psicoterapia funcional de Rispoli.

[18] Algunas modalidades que reconocen haber recibido influencia de la Gestalt son el Método Hakomi (Kurtz, 1990), la Sinergia Rubefleld (ver supra) y la Psicología Organísmica de Malcom Brown (Pina y Pribaz, 2007).

[19] Kurtz utiliza la palabra *Mindfulness* en sus escritos.

[20] En 2007 la revista *Psychotherapy Networker* realizó una encuesta a más de 2500 psicoterapeutas, en la que se les preguntó quién había influido más en su práctica clínica. La mayoría de ellos contestaron que fue Carl Rogers. Los datos son aún más sorprendentes si se toma en cuenta que el 68.7% de los profesionales que respondieron dijeron que practican la psicoterapia cognitivo-conductual en combinación con

Tributarios independientes[21]

En este apartado se tratará brevemente el trabajo de los autores que han contribuido a diversas modalidades de psicoterapia corporal, pero que no tienen raíces reichianas ni se consideran educadores somáticos.

Apoyshian (2004) afirma que, aunque se suele asociar a **Jung** con el ámbito de los símbolos y el inconsciente, su método de imaginación activa podía incluir la expresión corporal. Consistía en tomar una imagen onírica y elaborar o desarrollar su tema dando rienda suelta a la fantasía, lo que podía hacerse al dramatizar, pintar, modelar o danzar. **Mary Whitehouse**, una de los fundadores de la danzaterapia, estuvo en análisis junguiano y desarrolló un método de exploración psicológica al que llamó movimiento auténtico. Whitehouse alentaba a sus clientes a entrar en su mente y en su cuerpo y dejarse llevar por los impulsos que surgieran. Su trabajo influyó en varias generaciones de danzaterapeutas (Apoyshian, 2004). También se encuentra influencia de Jung en el *Process Work* (Mindell y Mindell, 1997).

Aunque no se le suele reconocer, **J. L. Moreno**, creador del psicodrama, es sin duda un pionero de los métodos activos en psicoterapia y, por consiguiente, de la psicoterapia corporal (Ramírez, 1987; Ruitenbeek, 1970; Shutz, 1973).

Los psicodramatistas se mantuvieron separados por igual del psicoanálisis y de la psicología académica, pero muchos psicólogos sociales, en particular los interesados en los fenómenos grupales, y algunos psicoterapeutas destacados recibieron alguna influencia de Moreno. **Ronald Lippit**, cofundador de los *National Training Laboratories*, estaba en contacto con Moreno y conocía las técnicas psicodramáticas, y varios de los primeros artículos de los discípulos de Kurt Lewin fueron publicados en revistas editadas por Moreno (Back, 1973).

Fritz Perls, creador de la psicoterapia Gestalt, estudió con Moreno y algunas de sus técnicas, en especial la silla caliente (en la que las personas

---

otros métodos. Una encuesta similar, pero con una muestra menor, realizada en 1982 arrojó el mismo resultado.

[21] Tomo esta expresión de Aposhyan (2004), pero los autores contenidos en este apartado no coinciden del todo con los que ella trata.

hablan con partes de ellas mismas representadas en una silla vacía), son versiones modificadas de técnicas psicodramáticas (Latner, 1973).

William Shutz (1971), quien popularizó los grupos de encuentro incorporando el movimiento declaró que "prácticamente todos los métodos que orgullosamente he compilado o inventado, habían sido anticipados por Moreno, en algunos casos, 40 años antes". Si bien casi todas las técnicas activas conocidas fueron inventadas por Moreno (Latner, 1973), dos aspectos de su trabajo merecen destacarse. Primero, todos los creadores de modalidades de psicoterapia corporal que conozco utilizan de alguna manera el *role playing*, es decir, piden a sus consultantes que actúen como si estuviera presente alguna persona importante de su presente o pasado y se encontraran en otro espacio. Segundo, muchos de ellos, como Al Pesso (Método Pesso Boyden) o Ron Kurtz (Método Hakomi), han subrayado la importancia de recrear la experiencia que faltó, como Moreno lo hiciera.

Ya antes hablé de la importancia de Carl Rogers en cuanto a la actitud de los psicoterapeutas, en particular aquellos pertenecientes a lo que he llamado la tercera generación, pero su influencia es mucho mayor. Rogers (1961, citado en Fernald, 2003) sostenía que en una psicoterapia exitosa la persona se relacionaba[22] con su organismo sin engañarse o sin distorsionar, y regresaba a una experiencia visceral y sensorial. Sin duda, las ideas de Rogers influyeron en el desarrollo de muchas conceptos y procedimientos de las escuelas de tercera generación.

En tiempos más recientes, **Eugene Gendlin** destacó la importancia del cuerpo al investigar los factores que contribuyen al éxito de los procesos psicoterapéuticos. En sus estudios sobre la eficacia de la psicoterapia, encontró que el factor crucial del cambio en este proceso era la habilidad del cliente para ver dentro de él, detenerse y entrar en una forma especial de consciencia corporal a la que llamó sensación sentida.

En fecha posterior Gendlin (1981) propuso que esta habilidad se podía enseñar y la llamó *Focusing*, término que se ha traducido como enfoque corporal. El *Focusing* consiste en observar la reacción espontánea que ocurre en el cuerpo cuando evocamos algo significativo. De esta manera surge una "sensación sentida" *(o felt sense)*, a la cual se le debe

---

[22] En el original "psychotherapy is a process whereby man becomes his organism —without self-deception, without distortion".

prestar atención sin juzgar, interpretar o interferir. De esta manera se conocen las emociones y significados implícitos que se asocian a determinadas personas o situaciones. Gendlin (1996, 2004), premiado en tres ocasiones por la *American Psychological Association* (APA) por sus contribuciones a la psicoterapia y a la filosofía, así como por encabezar una fundación dedicada a enseñar *focusing*, ha contribuido, con sus numerosas publicaciones, a sustentar el trabajo con la consciencia corporal de Gindler y los educadores somáticos y a destacar la importancia de sentir el cuerpo independientemente de la orientación teórica desde la que se trabaja.

Polaridades

A lo largo de su historia, la psicoterapia corporal se ha nutrido de la educación somática, de diferentes desarrollos de la teoría psicoanalítica, de la psicología humanista y, recientemente, de la investigación en neurociencias y desarrollo de la personalidad. No podemos, entonces, esperar un marco teórico único o un solo método o estrategia, sino numerosos conceptos surgidos en diferentes épocas y tomados de fuentes diversas. Marlock y Weiss (2006) propusieron polaridades que pueden ilustrar la variedad conceptual y práctica. Hay modalidades que ponen énfasis en uno u otro extremo, mientras otras prefieren situarse en medio o tratar de ser inclusivas.

Modelo de tratamiento médico vs aprendizaje fenomenológico

Algunas escuelas, como las reichianas ortodoxas (Navarro, F., 1988, 1990, 1991; Serrano, 2007) y la Bioenergética (Lowen, 1958), parten del modelo médico y suelen referirse a patologías y diagnóstico. En estos modelos, el terapeuta no tiene problema en asumir la autoridad y sus pacientes deben seguir sus indicaciones y aceptar sus interpretaciones al pie de la letra. De esto depende el éxito del tratamiento. A los modelos médicos corresponden la caracterología de Reich (1949) y la de Lowen (1958, 1975), muy extendida en la enseñanza de la psicoterapia corporal en México.

En el otro extremo, los enfoques como el *Focusing* (Gendlin, 1981; Moreno, 2009) y el Método Hakomi (Kurtz, 1990) destacan los procesos de investigación y exploración fenomenológicas, en los que se da una relación de colaboración entre el terapeuta y el consultante y se subraya la autorregulación y la libertad. Estos procesos no empiezan con un diagnóstico sino con cualquier fenómeno que atraiga la atención del profesional o de quien acude a consulta, como una tensión u un movimiento característico. El método implica la observación atenta de las variaciones conscientes del fenómeno (como hacer el movimiento con lentitud o aumentar y disminuir la tensión de forma voluntaria); así es posible investigar posibles correlaciones psicológicas como recuerdos, significados o funciones.

La energía vs la información

Las escuelas cercanas a Reich prestan mucha importancia a la energía (Serrano, 2007; IFOC, 2007). Suponen que hay un flujo energético en el cuerpo que determina la condición psíquica y física de las personas. Ese flujo se ve interrumpido por bloqueos que se originan al reprimir las emociones y los recuerdos, y los psicoterapeutas buscan restablecerlo por medio de masajes o movimientos expresivos, predeterminados o espontáneos. El cuerpo lleno de energía, pulsátil y libre de bloqueos crónicos es sinónimo de salud o, al menos, un prerrequisito para lograrla.

Por otra parte, algunas escuelas como el Método Hakomi (Kurtz, 1990) han dejado de hablar de energía y prefieren referirse a la información, es decir, a creencias y hábitos, no siempre conscientes, que determinan la forma en que organizamos nuestra vida. El objetivo del tratamiento es cambiar las creencias limitantes para lograr el cambio.

Teoría psicoanalítica vs funcionalismo

Para muchas escuelas de psicoterapia corporal, el cuerpo es el verdadero camino real al inconsciente. Los psicoterapeutas interpretan las tensiones, las posturas y los movimientos de sus pacientes en términos de su historia pasada y se espera que el desbloqueo del cuerpo venga acompañado de recuerdos de experiencias olvidadas y la expresión de emociones reprimidas (Reich, 1949, 1949).[23] Estas modalidades se basan en un mo-

---

[23] También puede suceder que la expresión de las emociones provoque el desbloqueo del cuerpo.

delo de conflicto, ya sea entre los impulsos y las fuerzas que se oponen a su expresión o entre las instancias psíquicas, es decir, el yo, el súper yo y el ello (Ortiz, 1999).

Otras escuelas de psicoterapia corporal han creado modelos en los que las intervenciones se centran en las funciones psicológicas y corporales que pueden haberse visto alteradas por eventos traumáticos (Ogden, Minton y Pain, 2006) o por no haber vivido las experiencias básicas del desarrollo a plenitud (Rispoli, 1993). En estos modelos se estudia, por ejemplo, cómo determinadas funciones psíquicas y somáticas pueden estar hipertrofiadas o hiperactivadas.

Por ejemplo, una persona puede estar vigilante todo el tiempo, lo que corresponde a un patrón de respiración superficial y rápida, con la atención focalizada en posibles situaciones de peligro y creencias de que el mundo no es un lugar seguro. En las sesiones, estas tendencias se hacen conscientes y se crean experiencias emocionales correctivas para que los consultantes aprendan otras alternativas.

Énfasis en los procesos no verbales vs énfasis en el diálogo

En todos los métodos se fomenta, al menos en ocasiones, que los consultantes tomen un tiempo para "quedarse con sus sensaciones y sentimientos", pero, situándose en un extremo, algunas escuelas, como la vegetoterapia y la danzaterapia, prescinden del diálogo, al menos en ciertas fases del proceso. El psicoterapeuta se limita a dar instrucciones para que los consultantes descubran sus propios movimientos y sensaciones.

El propósito puede ser la expresión espontánea o, como en la vegetoterapia, abandonarse a los procesos autónomos, con el fin de recuperar la habilidad de experimentar y funcionar de manera completa y de autorregularse. Para estas escuelas, el movimiento es el verdadero trabajo terapéutico y la liberación de la mente es una consecuencia (Marlock y Weiss, 2006).

En otras modalidades se fomenta el diálogo continuo acerca de lo que el consultante está experimentando, como es el caso del *Focusing* de Gendlin (1981), o bien, el intercambio verbal da pie para intervenciones típicamente corporales, como en el Método Hakomi (Kurtz, 1990).

El contacto físico

Algunas escuelas, como la Biodinámica (Southwell, 1982) o la Integración Postural (Painter, 1987), se basan en el masaje. Mediante el trabajo con los órganos y tejidos, pretenden restablecer la pulsación del organismo. En el proceso, el contacto físico y la liberación de las zonas tensas pueden provocar el surgimiento de emociones y recuerdos.

En otros métodos, el contacto físico es menos importante o incluso no ocurre y el trabajo corporal se da al poner atención a los movimientos y sensaciones; en este caso el terapeuta puede sólo señalar las actitudes corporales o prescribir movimientos o posturas, ya sea por las características de la escuela o porque el contacto físico esté contraindicado (Rothchild, 2002). En Estados Unidos muchos psicoterapeutas corporales debían obtener licencia de masajistas para tocar a sus clientes y evitar demandas legales, o bien han modificado su práctica y se abstienen de establecer contacto físico (Alex MacMillan, comunicación personal, octubre de 1996).

CAPÍTULO 3

CONCEPTOS COMUNES A LAS DIFERENTES MODALIDADES DE PSICOTERAPIA CORPORAL

Pluralidad en las teorías y conceptos

La historia de la psicoterapia corporal ha originado una pluralidad de posiciones tanto teóricas como metodológicas. Como vimos en el capítulo anterior, se ha nutrido de la educación somática, de diferentes versiones del psicoanálisis, de la psicología humanista y, recientemente, de la investigación contemporánea en neurociencias y desarrollo de la personalidad. Los conceptos propuestos por cada escuela están en función tanto de las influencias que recibió como de las preferencias personales de sus creadores. No podemos, entonces, esperar un marco teórico único o un solo método, sino numerosos conceptos surgidos en diferentes épocas y tomados de fuentes diversas. Exponer los conceptos propios de cada escuela sería un trabajo casi imposible, ya que una misma palabra puede significar distintas cosas en las diversas escuelas y en muchos casos los conceptos son difusos. Aún más, la aprehensión de varios de ellos, como la relación cuerpo-mente o la energía, que son clave para la corriente que nos ocupa, depende de la experiencia personal en el propio cuerpo; por tanto, es muy difícil ponerla en palabras y muchos profesionales del ramo prefieren proponer prácticas en las que el concepto se concretice en una vivencia personal en lugar de intentar delimitarlo.

Sin embargo, es posible ir más allá del lenguaje especializado de cada modalidad y del énfasis en la experiencia para enunciar conceptos de amplitud y claridad suficientes en los que quepan las particularidades.

En otras palabras, se trata de abstraer las características fundamentales de los modelos teóricos existentes proponiendo unos cuantos conceptos "tipo" que puedan relacionarse entre sí. En seguida se enunciarán para después abordarlos con mayor amplitud.

Conceptos comunes

En todas las escuelas de psicoterapia corporal se afirma que el cuerpo y la mente se relacionan íntimamente, y/o constituyen una unidad. Esta idea tiene dos vertientes con sus respectivas formas de ver el cuerpo. Por un lado, todas las escuelas de psicoterapia corporal insisten en la **corporalización**: la concretización, en el cuerpo, de lo psicológico. Se trata de encontrar el equivalente corporal de las funciones psicológicas. Por ejemplo, las posturas y tensiones de diferentes partes del cuerpo se han relacionado con diferentes rasgos de personalidad o trastornos mentales (Baker, 1967; Dychtwald, 1977; Kurtz y Prestera, 1976; Lowen, 1958, 1975; Navarro, R., 1984; Reich, 1949), de tal suerte que los profesionales entrenados pueden hacer diagnósticos a partir de la observación cuidadosa del cuerpo.

Por otra parte, existe la certidumbre de que hay que conocer el cuerpo desde adentro, desde la propia experiencia subjetiva. Hanna (1991) utiliza la palabra **soma** para referirse al cuerpo "en primera persona", un cuerpo al que no se percibe como algo que uno tiene, sino que se siente como lo que uno es. Soma es el cuerpo que se puede cambiar a sí mismo al poner atención al flujo constante de sensaciones internas.

Otro concepto muy importante es la **consciencia**. Para las diferentes modalidades de psicoterapia corporal, la consciencia no sólo es un objetivo por alcanzar (hacer consciente lo inconsciente), sino forma parte fundamental del método. En este sentido, invitar a los consultantes a ser conscientes *(to be aware)* de su experiencia conduce necesariamente a darse cuenta de la unidad o la interfase de la mente y el cuerpo y a percibir este último como **soma**.

Dos conceptos más, si bien no son compartidos o destacados por todas las escuelas, tienen amplia difusión, o una importancia histórica tal que es preciso incluirlos.

Primero, muchas escuelas, particularmente las inspiradas en Reich (Martock y Weiss, 2004), comparten la idea de que existe una **energía** benévola cuyo tránsito por el organismo puede bloquearse como resultado de las frustraciones o carencias experimentadas en la vida, en especial en los primeros años (Baker, 1967; Lowen, 1958, 1975; Pierrakos, 1987). Este es, sin duda, el concepto más difícil de definir.

Segundo, la **experiencia** para los psicoterapeutas corporales tiene dos implicaciones relacionadas, pero distintas. Por una parte se trata de eventos significativos, sucesos pasados en los que hubo traumas, carencias o conflictos que parecen seguir influyendo en la vida actual de las personas. Por otra parte, es un proceso que Gendlin (1981, 1966) llamó *experienciar*: la relación entre el sentimiento con los eventos, símbolos y palabras tal como las viven las personas.

A continuación cubriré cada uno de estos conceptos con más detalle.

Conceptos que se refieren a la relación cuerpo-mente

A pesar de la diversidad, las escuelas de psicoterapia corporal concuerdan en que el cuerpo y la mente se relacionan íntimamente y/o forman una unidad. Todas ven al cuerpo como fuente de información acerca del estado actual y del pasado tanto de los consultantes como de los terapeutas, y todas, de alguna u otra forma, toman al cuerpo como punto de entrada o vehículo para algún tipo de intervención (Young, 2005a). Existe también la convicción de que cualquier evento impacta a todo nuestro ser, físico, emocional y cognoscitivo (Caldwell, 1977) y, aún más, que lo corporal precede y le da forma a la mente (Gallagher, 2005). En consecuencia, los pensamientos, sentimientos y demás procesos psíquicos son fenómenos emergentes, que tienen como base al cuerpo (Petzold, 2004).

Sin embargo, a pesar de que la idea de que el cuerpo y la mente son parte de un todo inseparable es compartida por todas las modalidades, no hay palabras en nuestra lengua para designar esa unión.[1] El término

---

[1] Y, hasta donde llega mi conocimiento, tampoco en otras lenguas europeas, ya sean romances o germánicas.

usado en inglés *Embodiment* puede traducirse como "corporalización" o concretización, en el cuerpo, de lo psicológico. El concepto es inseparable de otro que se tratará más adelante: la experiencia. De esta suerte, la experiencia encarnada *(embodied experience)* es la experiencia del cuerpo, tanto en el sentido de cómo percibo mi cuerpo como en el de cómo mi cuerpo experimenta el mundo (Gallagher, 2000). Recientemente Eisenberg (2008) tradujo *embodied* como in-corporado o, sin el guión, incorporado.

Antes de que Reich (1949: 208) estudiara la relación cuerpo-mente buscando manifestaciones de los conceptos fundamentales de la teoría psicoanalítica en el cuerpo,[2] en la extensa obra de Freud había una enorme cantidad de referencias a la relación entre lo psíquico y lo somático (Ortiz, 1999), como la relación entre los recuerdos cargados de afecto y una gran cantidad de afecciones como neuralgias, contracturas musculares y anestesias; de esta manera se relaciona lo "mental" con los síntomas histéricos, una manifestación física. Los síntomas también podían producirse cuando se acumulaba energía somática debido a la falta de satisfacción sexual, lo que generaba manifestaciones típicas de la neurosis de angustia, como perturbaciones en la respiración y temblores (Freud, 1895). En 1908, en *El carácter y el erotismo anal*, Freud propuso que la forma en que se aprende a controlar la defecación corresponde a ciertos rasgos de carácter en la etapa adulta. Más tarde, Abraham (1927) habló de rasgos de carácter oral y de caracteres genitales. Así, en las diferentes etapas del desarrollo, la forma en que se manejaron los impulsos correspondientes a las partes del cuerpo originaban tipos de carácter. Por último, al proponer el modelo tripartita de la mente, Freud (1923) afirmó que el Yo es ante todo un yo corporal, relacionando esta parte del aparato psíquico con el movimiento consciente y la percepción del propio cuerpo.

De esta propuesta partió Reich (1949) al plantear que el carácter es un endurecimiento crónico del Yo, en el que las represiones se pegan entre sí y adquieren una forma definida como resultado de la situación edípica. El endurecimiento del Yo se concreta en una serie de tensiones musculares crónicas que forma una armadura o coraza cuyas funciones son impedir la expresión de los impulsos sexuales y agresivos, prote-

---

[2] En el capítulo anterior se mencionan otros autores que estudiaron la relación entre lo psicológico y lo corporal.

ger al individuo del exterior y consumir la energía sobrante para su propio mantenimiento. Tanto la rigidez "psicológica" como la hipertensión muscular cumplen, entonces, con la misma función: impedir la expresión de las emociones reprimidas. Al afirmar que las actitudes corporales y las psicológicas eran funcionalmente idénticas, Reich podía trabajar desde lo psíquico, interpretando los rasgos de carácter, o a partir de la expresión corporal, ya sea señalando las emociones o prescribiendo movimientos para que pudieran expresarse.

La identidad funcional que defendió Reich[3] postula que el cuerpo y la mente son dos aspectos de una misma realidad: el carácter, que se manifiesta en el "cómo" del comportamiento, es decir, en el modo como las personas realizan las actividades cotidianas y como se presentan en las sesiones terapéuticas. Los aspectos psicológicos, lo mismo que los corporales, son manifestaciones de energía, que debe movilizarse ya sea mediante el método psicoanalítico o exhortando a los pacientes a respirar libremente, presionando los músculos crónicamente tensos e invitándolos a abandonarse a la libre expresión de sus emociones (Raknes, 1970).

Independientemente del concepto de energía, los psicoterapeutas corporales creen (esto es, tienen por cierto) que cualquier suceso "psicológico", digamos un pensamiento o un recuerdo, causa repercusiones en el cuerpo, y viceversa. Más aún, que los eventos "psicológicos" tienen un substrato corporal (y no sólo cerebral). En otras palabras, las funciones corporales, como postura, respiración, tono muscular de base, pulsación y movimiento, originan, evocan o pueden corresponder a determinados recuerdos, emociones o actitudes ante la vida (Keleman, 1985). El cuerpo, en ese sentido, no es algo que uno observa con los ojos de la mente, un objeto de la consciencia o una imagen de nuestro aspecto físico, sino el origen de las funciones "mentales".

En ese sentido vale la pena distinguir la imagen corporal, que es un sistema de percepciones, actitudes y creencias en relación con el propio cuerpo, los esquemas corporales, que son sistemas de capacidades sensorio-motrices que funcionan sin consciencia *(awareness)*, o la necesidad de monitoreo perceptual (Gallagher, 2005). Los esquemas corporales siguen operando aun cuando el objeto de la percepción no sea el propio

---

[3] En un principio Reich no hablaba de identidad funcional, sino de relación dialéctica entre el cuerpo y la mente.

cuerpo, y, de hecho, la percepción crítica del mismo puede limitar la capacidad de movimiento. También se les ha llamado sistemas de acción (Ogden, Minton y Pain, 2007).

Si explicamos el trabajo de los psicoterapeutas corporales desde el concepto de esquema corporal, hay dos formas distintas, pero complementarias, de proceder. Cada una corresponde a una forma de ver el cuerpo. A partir del trabajo de Elsa Gindler y sus discípulas (véase capítulo anterior), se busca que las personas atiendan conscientemente a los esquemas corporales, haciendo consciente lo que habitualmente es automático. Al hacerlo, se abre la puerta a nuevas opciones no sólo de movimiento sino de experiencia. A esta forma de trabajar le corresponde el concepto de soma, que implica que hay que conocer el cuerpo desde adentro, desde la propia experiencia subjetiva. En contraste con el estudio del cuerpo a través de cadáveres, como en las escuelas de medicina, esta postura defiende el aprendizaje por medio del conocimiento fenomenológico del cuerpo vivo, tal como se experimenta momento a momento. El soma para Hanna (1991) es el cuerpo "en primera persona", un cuerpo que no se percibe como un objeto que uno tiene, sino que se siente como lo que uno es, especialmente en la experiencia atenta de lo que uno hace; es el cuerpo sentido. En otras palabras, soma no es el cuerpo que vemos, sino el cuerpo que somos (Joly, 2008). De este modo, el cuerpo se puede cambiar a sí mismo cuando se pone atención al flujo constante de sensaciones internas. Este concepto del cuerpo es fundamental para la educación somática, que abarca un conjunto de disciplinas cercanas a la psicoterapia corporal, como el Método Alexander, la eutonía y el Método Feldenkrais (Joly, 2008).

Por otro lado, muchas escuelas de psicoterapia corporal han encontrado correspondencia entre los esquemas corporales y los aspectos tradicionalmente considerados "psicológicos". Las escuelas cercanas al psicoanálisis relacionan los esquemas corporales con conflictos, carencias, traumas, tipos de carácter, partes de la personalidad, entre otros factores, en tanto que las que parten de una perspectiva funcional buscan evidencias de patrones de exploración, juego, defensa, interacción social o apego en las secuencias habituales de movimientos. En cualquier caso, el cambio en los esquemas corporales traerá consigo modificaciones en el ámbito que tradicionalmente se considera "mental". Se llega al extremo de proponer verdaderos diccionarios, en los que cada parte del cuerpo, o incluso cada enfermedad, siempre corresponden a un problema psicológico. El mismo Reich (1940) criticó esta postura, señalando que no debe darse por hecho que siempre el cáncer es debido a determinado conflicto no resuelto o si alguien enferma del corazón es que dejó de expresar cierta emoción. No obstante, esta postura, que Heller (2012) ha llamado linear, es muy popular entre los psicoterapeutas corporales y quienes practican diferentes formas de medicina alternativa. Por supuesto, puede haber relación entre determinado conflicto o carencia emocional y las enfermedades. Incluso es posible formular todo tipo de hipótesis a partir de los gestos y los movimientos, asociándolos con rasgos de carácter, trastornos mentales o enfermedades. El punto es que la correlación no es total, ni implica que una cosa cause la otra. En mi experiencia como psicoterapeuta he conocido a muchas personas afectadas por una enfermedad grave que además se preocupan y sufren innecesariamente preguntándose cuál es la emoción que han reprimido o en qué medida ellas originaron su propio padecimiento.

Para resumir, en la perspectiva fenomenológica el psicoterapeuta acompaña al consultante a explorar sus esquemas corporales "en primera persona", mientras que en el otro extremo el terapeuta es un experto que "lee" la historia y las alteraciones funcionales para después intervenir prescribiendo movimientos, cambios en la postura o la respiración, y otros. En la práctica, muchos psicoterapeutas pueden tomar uno u otro papel, a veces acompañado de una posición colaborativa y otras asumiéndose como expertos y dirigiendo el proceso.

Patrones de comportamiento

La psicología, al igual que otras disciplinas, ha intentado clasificar a sus objetos de estudio, agrupándolos en tipos ideales que permiten organizar el conocimiento que se tiene de ellos. Así, la variedad se reduce a unas cuantas formas cuyas características generales pueden describirse y, en el caso de esta disciplina, utilizarse para hacer diagnósticos y predicciones en torno al comportamiento.

En las primeras décadas del siglo XX se propusieron varias teorías de tipos psicológicos (Thompson, 1950). Entre estos, sin duda los más conocidos en el ámbito de la psicoterapia corporal son los que relacionan cada una de las etapas de desarrollo –oral, anal, fálica, genital– propuestas por Freud (1904) con constelaciones de carácter en la vida adulta. Las modalidades derivadas del trabajo de Reich han corporalizado estos tipos psicológicos, relacionándolos con patrones de tensiones musculares crónicas y posturas características de cada una (Reich, 1949; Lowen, 1975; Pierrakos, 1987).

En su *Análisis del carácter* (1949/1967), Reich describió cómo cada tipo de carácter se expresa corporalmente mediante actitudes y patrones de contracción muscular. Los tipos de carácter de los que Reich habló se basaban en el psicoanálisis de las primeras tres décadas del siglo XX, de tal suerte que en su libro encontramos, por ejemplo, descripciones del carácter histérico, compulsivo, fálico narcisista o pasivo femenino. Algunos de sus discípulos continuaron en esta línea, ya sea al añadir algunos tipos nuevos (Baker, 1974), u organizar y simplificar las propuestas de su maestro (Lowen, 1957, 1975; Pierrakos, 1987); por su parte, en trabajos más recientes, autores como Dychtwald (1977), Keleman (1984), Kurtz y Prestera (1976), Federico Navarro (1991), Roberto Navarro (1984), Painter (1987), Rispoli (1988) y Serrano (1990), continuaron investigando los tipos de carácter.[4] Cada uno de ellos ha descrito con precisión exquisita los patrones en los que eso que llamamos mente se interrelaciona íntimamente con diferentes aspectos del cuerpo. Sus hallazgos dan cuenta de cómo las funciones corporales influyen en, y son influidas por, los pensamientos que tenemos acerca de nosotros mismos y determinan nuestra continuidad en el tiempo y el espacio, es decir, con nuestro carácter en tanto conjunto de patrones recurrentes de comportamiento.

Al leer a estos autores queda claro que los pensamientos y recuerdos que cada persona tiene de su vida y las emociones que estos pensamientos y recuerdos le evocan, necesariamente afectan su imagen corporal, su postura o su forma de moverse, a la vez que su forma de moverse y de respirar, su postura y su expresión facial estarían íntimamente correlacionadas con sus recuerdos, pensamientos y sentimientos.

Para Reich (1949) y sus discípulos, los tipos de carácter se originan en conflictos entre los impulsos y las defensas que fue necesario erigir en el contexto de diferentes sistemas familiares y sociales, aunque los auto-

---

[4] En Ortiz, 1999 se presenta un análisis de la propuesta de estos autores.

res contemporáneos prefieren verlos en términos de estrategias para afrontar diferentes situaciones (Kurtz, 1990) o de la forma en la que se vivieron los grandes temas (en el original, *issues*) de la vida, como la formación de vínculos y el apego y la emergencia del *self* y la rivalidad y sexualidad de la etapa edípica (Johnson, 1994). Delimitar tipos de carácter sirve para trazar objetivos terapéuticos. Hecho el diagnóstico, el psicoterapeuta puede trazar un mapa que le indique los asuntos a tratar en cada caso. Su utilidad es evidente siempre y cuando el mapa no se confunda con el territorio, es decir, que el tipo psicológico no se use como un Lecho de Procusto en el que se obligue a los consultantes a ajustarse al esquema teórico.

La versión más refinada de esta tradición es la de Johnson (1994), quien habla de cinco tipos de carácter que se relacionan con los grandes temas que cada persona encuentra en su desarrollo. Así, los caracteres esquizoide y oral tienen que ver con el apego y la creación de los primeros vínculos; los tipos simbiótico, narcisista y masoquista con el desarrollo del Self, y los caracteres edípicos con la sexualidad, las rivalidades y el afecto en el sistema familiar.

La relación entre el cuerpo y los patrones de comportamiento no se limita a variantes de los tipos de carácter propuestos por Reich. Por ejemplo, Ogden, Minton y Pain (2007) hablan de sistemas de acción (también conocidos como sistemas conductuales) y su relación con el estrés postraumático. Los sistemas de acción, también conocidos como sistemas conductuales (Cassidy y Shaver, 1999) organizan las respuestas cognoscitivas, sensorio-motrices y emocionales con objeto de actuar en contextos y con metas específicas.

La idea de que existen sistemas de acción fue propuesta por Bowlby (1982) para explicar el vínculo que unía a los bebés y los niños pequeños con las personas que los cuidan. Según Bowlby y sus seguidores (Cassidy y Shaver, 1999), el apego es un sistema conductual que se activa cuando los pequeños buscan y mantienen la proximidad con la persona que los cuida (por lo general la madre), tomándola como una base segura para explorar el mundo y como un refugio en momentos de dolor e incertidumbre.

El mismo Bowlby habló de otros sistemas de acción, como la exploración, el apareamiento y el cuidado, a los que se han añadido la regulación de la energía (que implica el sueño y la búsqueda de alimentos, entre otras actividades), el juego, la interacción social y la defensa (Ogden, Minton y Pain, 2007). El papel del sistema de apego es de capital importancia para el desarrollo de los otros sistemas de acción, ya que en la primera infancia la persona que cuida es una base segura desde la cual el niño explora, aprende a socializar y juega. La madre también proporciona regulación de energía al pequeño, cuyos mecanismos homeostáticos no están desarrollados.

Los sistemas de acción están preprogramados genéticamente, son susceptibles al condicionamiento clásico, se organizan y estabilizan solos y son, por naturaleza, adaptativos, o sea, sensibles a las situaciones en las que se encuentra el organismo. El problema se presenta cuando la activación, hiperactivación o desactivación de los sistemas de acción no están en función del contexto actual sino de los conflictos, carencias y traumas del pasado; esto puede suceder, por ejemplo, cuando los sistemas defensivos se activan al percibir situaciones que se parecen a las que estaban presentes cuando la persona se traumatizó e inhiben los otros sistemas de acción. En otras palabras, cuando alguien se siente amenazado y se defiende, no puede jugar, explorar, relacionarse con los demás, etcétera.

Todos los sistemas de acción reflejan la historia de las interacciones con el medio ambiente social, por lo que contienen huellas de los momentos en que cada uno de ellos se activó con el consiguiente éxito o fracaso en cuanto a obtener la meta deseada; esto puede causar que se activen, hiperactiven o desactiven de modo no adaptativo. Cada uno de los sistemas de acción implica componentes sensoriales, motrices, cognoscitivos y emocionales, pero son precisamente los movimientos y las actitudes del cuerpo los que pueden actuar como indicadores de su activación y de las emociones y creencias contenidas en ellos; por consiguiente, es posible usarlos tanto para el diagnóstico como para el tratamiento.

Partes de la personalidad

Además –o independientemente– de proponer tipos psicológicos, algunos autores han dividido al cuerpo en segmentos (Reich, 1949; Baker, 1967) o partes (Dychtwald, 1977; Navarro, R., 1984; Kurtz y Prestera, 1976), relacionando cada una de ellas con aspectos de la personalidad, rasgos de carácter o actitudes ante la vida. Esta forma de relacionar el aspecto, los movimientos habituales o las tensiones de diferentes partes del cuerpo con diversas funciones psicológicas se basa en la experiencia de muchos psicoterapeutas que encontraron, por ejemplo, que algunas personas con gestos o contracturas similares tenían historias similares o tendencia a experimentar las mismas emociones. Esta forma de ver la relación entre el cuerpo y la mente proporciona mapas de lo que puede esperarse al trabajar con diferentes partes del cuerpo, a la vez que implica objetivos por alcanzar. Así, por ejemplo, se supone que los hombros están relacionados con el trabajo, la responsabilidad y, en general, "el hacer", y que el agobio o la fatiga que sentimos se aprecia en esa parte del cuerpo. Sabiendo esto, un psicoterapeuta corporal podría tal vez exhortar a que su consultante moviera los hombros diciendo "Basta", o "¡Quítate!" (si sigue modalidades como el Análisis Bioenergético) o bien inducir un estado de atención plena y decirle que no tiene por qué llevar toda la carga o que puede descansar (si sigue el Método Hakomi). En todos los casos, ver a una persona que parece cargar algo sobre los hombros indica un diagnóstico y una posible dirección del trabajo: "liberar" los hombros de modo que aparezcan equilibrados respecto al cuerpo. En las escuelas cercanas a Reich (Lowen, 1975), se trata de desbloquear los segmentos del cuerpo por medio de movimientos expresivos que fomentan el surgimiento de emociones y restablecen el flujo de energía. Otros autores ponen énfasis en la integración de las diferentes partes del cuerpo (Kurtz y Prestera, 1976) o de subpersonalidades (Schwartz, 1995).

La idea de que existen diferentes partes dentro de nosotros y uno de los objetivos del tratamiento psicológico es integrarlas o al menos conseguir que vivan en una especie de coexistencia pacífica, es común a muchas escuelas de psicoterapia. Las teorías contemporáneas de la personalidad y la investigación reciente acerca del cerebro y el organismo en general apuntan a que el ser humano es un sistema complejo. Es un sistema por tratarse de una entidad cuyas partes se relacionan entre sí, y se le llama complejo porque los patrones de relación entre las partes son difíciles de predecir, puesto que son muy sensibles a variables aparentemente pequeñas en algunas de sus condiciones, en particular las iniciales.

Entre las teorías que hablan de partes de la mente, sin duda la más conocida es la que Freud presentó en *El Yo y el ello* (1923). En ese trabajo propuso un aparato mental compuesto de tres partes: el ello, el yo y el superyó. El ello representa las pasiones y se rige por el principio del placer, el Yo es sede de la razón y se rige por la realidad percibida a través de los sentidos y el superyó es la consciencia moral que obedece al principio del deber.

La hipótesis de que dentro de nosotros existen partes que se relacionan entre sí ha sido reforzada por las neurociencias y la investigación contemporánea respecto al inconsciente. Siguiendo a MacLean, por ejemplo, se habla de que dentro de nuestra cabeza no hay uno sino tres cerebros: el reptiliano, el paleomamífero y el neocortex (Lewis, Amini y Lannon, 2000). Estas tres partes evolucionaron en diferentes épocas, no siempre funcionan en armonía y corresponden grosso modo a tres formas de procesamiento de la información: el cerebro reptiliano, a un procesamiento sensorio-motriz, el paleomamífero al emocional y el neocortex al cognoscitivo (Ogden, Minton y Pain, 2006). Prevalece también la certeza de que hay multitud de módulos o subsistemas en el cerebro, cada uno con diferente función (Ramachandran y Blakeslee, 1998) y que funcionan fuera de la consciencia (Wilson, 2002), como si fueran mayordomos que, dentro de nuestro cerebro, se encargan de administrar nuestra vida cotidiana sin que nos demos cuenta de su labor (Kurtz, 2008b). El trabajo del terapeuta es que las partes se conozcan entre sí, que haya un testigo capaz de observarlas, conocerlas y propiciar una relación funcional entre ellas (Schwartz, 2001) y, desde luego, si se trata de un psicoterapeuta corporal, lograr ese objetivo atendiendo a las manifestaciones corporales de cada una de ellas.

Hay que insistir en que encontrar equivalencias entre las formas, movimientos y alteraciones del cuerpo y las funciones mentales no debe generar diccionarios que describan relaciones lineares y absolutas entre uno y otro ámbito, sino oportunidades de autoconocimiento.

Memoria corporal

Al trabajar con el cuerpo, ya sea mediante el movimiento o el contacto físico, los psicoterapeutas corporales encontraron que las personas con tensiones o actitudes corporales similares a menudo experimentaban sentimientos parecidos o contaban historias similares. Esto originó diferentes descripciones de los correlatos entre la apariencia y las tensiones del cuerpo y los rasgos de carácter o patrones de conducta por parte de autores como Dychtwald (1977), Keleman (1984), Kurtz y Prestera (1976) y Reich (1949/1967). El hecho de que los rasgos de carácter, patrones de comportamiento o actitudes se observen en el cuerpo y se hagan conscientes cuando se modifican las tensiones o posturas habituales también llevó a la idea de que lo psicológico se "guarda" de alguna manera en el cuerpo.

Para explicar estos fenómenos, la psicoterapia corporal trabaja con la suposición de que hay una memoria corporal, por la que los traumas, conflictos y carencias que se experimentaron en el pasado se viven como si ocurrieran en tiempo presente, ya sea como tendencias a actuar de determinada manera en contextos específicos, cuando algún estímulo interno o externo evoca experiencias del pasado, o como hábitos. La memoria corporal o memoria implícita (Ogden, Minton y Pain, 2006; Siegel, 1999) es la memoria de los aspectos no verbales de la experiencia y consiste en estados afectivos, impulsos, percepciones, sensaciones e imágenes que no suelen acompañarse de la sensación subjetiva de que algo que sucedió en el pasado se está recordando. En otras palabras, la memoria implícita nos lleva a conclusiones o creencias acerca de la vida, de los demás y de nosotros mismos que, debido a que no se les asocia con recuerdos explícitos, tienden a interpretarse como si fueran causados por algo que está sucediendo en el presente (Bandenoch, 2008). Así se generan tendencias de acción o hábitos no del todo conscientes. En otro nivel de conceptualización, la memoria corporal es la base de los rasgos de carácter o de los aspectos aprendidos de la personalidad. De tal forma, las actitudes características de la vida cotidiana son un testimonio actual de la historia de cada uno de nosotros.

Por ejemplo, la forma de caminar, comer o saludar puede contener fragmentos del pasado de las personas. En el caso del trauma, la memoria corporal se hace presente en forma de sensaciones intrusivas y emociones intensas que no parecen tener que ver con la situación actual. A menudo se activa por estímulos externos e internos que se asocian a situaciones pasadas y puede no haberse procesado conscientemente.

La energía

Si bien se trata de un concepto central para las escuelas de psicoterapia corporal de Reich y sus discípulos, no hay consenso en cuanto a su significado. Esto llevó a los directivos de la Asociación Europea para la Psicoterapia Corporal (EABP, por sus siglas en inglés) a entrevistar a 17 psicoterapeutas corporales de diferentes escuelas para ver qué significaba "energía" para ellos. Encontraron que no hay un concepto aceptado por todos, y que la palabra se usa para explicar todo y nada. Ellos sugieren que el término se acote para fines prácticos, y que no se utilice para "explicar el mundo" (www.eabp.org, consultada el 16 de febrero de 2009). Fieles al espíritu experiencial de esta corriente, muchos psicoterapeutas no intentarían definir la energía e invitarían a su interlocutor a experimentarla; pero, sin restarle valor al sentir la energía fluir por el cuerpo, vale la pena decir al menos unas palabras en torno al uso de este término.

Como muchos conceptos reichianos, el de energía tiene su origen en el psicoanálisis, en donde se le encuentra relacionado, y a veces confundido, con los afectos, las pulsiones y la sexualidad. Al estudiar la histeria, Freud (1894) encontró que los síntomas se debían a situaciones traumáticas a las que no se había reaccionado descargando el afecto correspondiente. Por consiguiente, los afectos, y también los síntomas, implicaban "una cantidad de excitación que podía aumentar, disminuir, descargarse o desplazarse y que se extendía sobre las representaciones de la memoria como la electricidad lo hacía sobre la de un cuerpo" (Freud, 1904/1968, p. 180). La "cantidad de excitación" –a la que después llamó libido– era como un líquido que fluía por el sistema y que es posible acumularse o estancarse, creando presión que podía es posible expresar por medio de síntomas. En palabras más modernas, las funciones psicológicas y, en particular los recuerdos, estaban cargados de energía. Los síntomas, actos fallidos y sueños podrían verse como intentos de descargarla para mantener un equilibrio, aunque fuera precario, del sistema. En terapia, al hablar de un evento traumático, podía darse una catarsis, y así lograr que los recuerdos dolorosos, desprovistos de energía, no se mantuvieran como agentes patógenos en potencia.

Según Reich (1952/1967: 121-124), "El mayor logro de Freud fue el descubrimiento de una energía psíquica (…); pensaba en ella en términos de cantidad, energía, catexis[5] libidinal a una idea". Por medio de su obra Reich intentó que la energía que describió su maestro fuera visible y palpable, incluso susceptible de ser medida, almacenada y dirigida por

---

[5] Catexis: carga o investidura de energía.

medio de instrumentos que, en ocasiones, fueron diseñados por él.[6] La mayoría de los psicoterapeutas no tienen, como Reich, un laboratorio o forma de medir esa energía, pero para muchos dista de ser un concepto: se trata de una energía más o menos esotérica que, en mi opinión, se reifica, es decir, se toma como real. Combinar procesos psicoterapéuticos con creencias provenientes de todo tipo de tradiciones religiosas y místicas le confiere al terapeuta un aura impresionante y no son pocos los que la utilizan volviéndose una mezcla de profesionales y gurúes.

La falta de precisión en el uso del término no ha impedido que el trabajo con la energía sutil del cuerpo sea uno de los propósitos fundamentales de Reich y sus seguidores. Para ellos (Baker, 1967; Raknes, 1970), cuando se reprimen las emociones y, sobre todo, la sexualidad, el cuerpo se contrae, y si la situación continúa, las tensiones musculares forman una armadura o coraza que bloquea el flujo de la energía vital y puede originar trastornos físicos y psicológicos (Navarro, F., 1988, 1991). El tratamiento consiste en provocar o movilizar emociones ya sea con medios psicológicos, como la confrontación, o corporales, como la respiración, los movimientos expresivos o el masaje sobre los músculos crónicamente tensos. Al expresarse la emoción reprimida, la energía se moviliza y la coraza se disuelve. Cuando la energía fluye, se experimenta como corrientes (en inglés, *streamings*) o como una "salud vibrante" (Lowen y Lowen, 1977). El cuerpo libre de bloqueos crónicos y lleno de energía que fluye libremente, es sinónimo, o al menos prerrequisito, para la salud psicológica y física.

Cabe subrayar que las personas que están en procesos de psicoterapia corporal suelen reportar todo tipo de sensaciones. Algunas de las más frecuentes son calor, hormigueo, vibraciones, corrientes que fluyen y mayor o menor sensación de peso en diferentes partes del cuerpo. A menudo terapeutas y consultantes por igual se refieren a estos fenómenos como movimientos de energía. Algunos se explican por la relajación muscular o la vasodilatación, pero muchos otros no se han relacionado con mecanismos fisiológicos conocidos, al menos hasta ahora (Heller, 2012). Esto no niega ni confirma la existencia de una energía que se mueve en el cuerpo, pero, insisto, por ahora la energía es una metáfora útil para explorar las sensaciones del cuerpo y no una realidad desde el

---

[6] Véase supra, capítulo 2.

punto de vista de la ciencia. Menos aún puede comprobarse que esta energía esté influenciada o se relacione con algún tipo de energía cósmica, pero eso no impide que para muchos psicoterapeutas corporales la energía corporal y la universal sean realidades que influyen en su práctica. En esos casos, las referencias a la energía y las técnicas para manejarla, moverla o desbloquearla suelen acompañarse de todo tipo de prácticas asociadas con lo "New Age", como uso de cuarzos, péndulos, pirámides, y otros apoyos. Todo esto produce reacciones intensas, a favor y en contra de estas creencias y prácticas.

Bien dice Heller (2012) que el psicoterapeuta no tiene que creer en la energía cósmica o espiritual, pero tampoco debe refutar a los pacientes que reportan sentirla, sino ayudarlos a explorar cómo esas sensaciones se relacionan con sus pensamientos, emociones, etc. Además, que el hecho de que lo que observamos, o lo que nuestros consultantes sienten, no pueda explicarse mediante un modelo científico debería motivarnos a investigar estos fenómenos.

Consciencia

No es fácil definir la consciencia. Se trata de una de esas palabras que todo el mundo usa y que tienen diferentes significados según el autor que se consulte. Para empezar, podemos coincidir con Damasio (2010:167) en que "es un estado mental en el que hay conocimiento de la propia existencia y de la existencia del ambiente". Para los fines de este trabajo, conviene distinguir, siguiendo a Block (2011), la consciencia fenoménica y la consciencia de acceso. Los dos tipos de consciencia han sido uno de los objetivos de la psicoterapia desde que Freud se propuso "hacer consciente lo inconsciente". La primera que consiste en la experiencia subjetiva, cruda, de formas, sonidos, sensaciones y emociones con nuestros cuerpos como referentes. Este tipo de consciencia se parece mucho, o bien es idéntico, al *awareness* del que hablan diferentes modalidades de psicoterapia corporal. La consciencia de acceso, en cambio, es la disponibilidad de información para el propósito de razonar, hablar y controlar las acciones.

En el ámbito de la psicoterapia corporal, la consciencia ha sido un objetivo –hacer consciente lo inconsciente– y también un método, en el que la consciencia fenoménica es a la vez una meta por alcanzar y una forma de lograrlo.

De acuerdo con las enseñanzas de Freud, hacer consciente lo inconsciente sería poner la experiencia en palabras y en ese sentido, para los psicoterapeutas corporales, el camino real al inconsciente es el cuerpo, ya que mediante los procedimientos de esta corriente a menudo emergen recuerdos, sentimientos y creencias que es posible verbalizar.

En este último caso, consciencia suele referirse al darse cuenta *(awareness)*, un darse cuenta tanto del cuerpo como a través del cuerpo (Joly, 2008). El origen de las prácticas basadas en la consciencia corporal suele atribuírsele a Elsa Gindler (véase el apartado correspondiente en el capítulo sobre historia), cuya principal aportación fue enseñar a las personas a estar en contacto con sus propias sensaciones y movimientos, y en particular, con su respiración. Según su discípula Charlotte Selver (2004b), "Nuestra percepción de nosotros mismos es lo que llamamos consciencia". Para ser consciente del cuerpo percibido como soma, es preciso hacer una pausa, retener la acción por una fracción de segundo en la que formamos nuestro siguiente movimiento (Keleman, 1975). Sólo al detenernos por un instante podemos darnos cuenta –ser conscientes– de lo que hacemos. En caso contrario, actuamos siempre de manera habitual.

La consciencia y la atención están íntimamente relacionadas, de tal suerte que puede afirmarse que la atención es un prerrequisito de la consciencia, y que consciencia y atención se relacionan en una espiral ascendente: a mayor atención, mayor consciencia (Damasio, 2002). En años recientes, la práctica de la atención plena (en inglés, *mindfulness*) ha adquirido importancia tanto en la psicoterapia corporal como en otras corrientes (Cole y Ladas-Gaskin, 2007; Weiss, 2007) y ha cobrado mayor auge a partir de los trabajos de Jon Kabat-Zinn (1990/2003, 2005/2007), en los que aplicó la consciencia plena a la reducción de estrés y la reducción del dolor.

En Occidente fue Ron Kurtz (Kurtz, 1990; Johanson y Kurtz, 1991; Kurtz y Minton, 1997) quien empezó a utilizar la consciencia plena en el ámbito de la psicoterapia. Actualmente son muchas las escuelas de psicoterapia que la utilizan (Hick y Bien, 2008/2010; Weiss, 2008).

La atención plena o consciencia plena se cultivaba mediante el método de meditación *Vipassana*, enseñado por el Buda hace 2500 años. Consiste, según Guanaratana (2003), en observar el transcurso de la experiencia, sin comparación o categorización, como si ocurriera por primera vez.

Según Kurtz (2008b), en la consciencia plena "hay intención deliberada de soltar el control…". Uno de sus efectos es obtener perspectiva y distancia de nuestro propio mundo interno. Esto implica dejar de lado los juicios, racionalizaciones, análisis y otros (aunque uno puede ser plenamente consciente de sus juicios y otros procesos mentales). La diferencia sería no dejarse arrastrar por los contenidos y procesos mentales, sólo observarlos.

La atención plena tiene que ver con el despertar, el no vivir en automático y ser sensible a la novedad de la experiencia cotidiana. No sólo eso, nos ayuda a estar conscientes de los diferentes aspectos de la mente en sí. De acuerdo con Siegel (2007), la consciencia plena implica atender los procesos y contenidos de la mente en el aquí y ahora con *curiosidad, apertura, aceptación y amor.*

Mediante la consciencia plena del momento presente, las personas cambian de sumergirse en las historias de sus traumas, conflictos o carencias y alterarse por sus reacciones a sentir curiosidad en torno a ellas. Descubren la diferencia entre "tener" una experiencia y explorar, con curiosidad, la organización de su experiencia aquí y ahora, días, semanas o años después del evento en sí.

La observación, en consciencia plena, de la experiencia del aquí y ahora cambia la forma de procesar información. En lugar de disparar un "secuestro" de las funciones mentales "superiores" (es decir, que las emociones o procesos sensorio-motrices inhiban las cogniciones y contribuyan a mantener las creencias relacionadas con los traumas y heridas que contribuyen al sufrimiento), al explorar la experiencia en consciencia plena se favorece el procesamiento dual, esto es, que se piense o reflexione en los procesos emocionales y sensoriales y que se sienta lo que pasa cuando uno piensa, recuerda o reflexiona.

En un estado de atención plena, las personas no se enganchan con las creencias vinculadas a los traumas, conflictos o carencias; estudian los componentes de la experiencia interna, especialmente las respuestas del cuerpo. La activación *(arousal)* se mantiene en niveles tolerables y las reacciones asociadas y dosificadas a las memorias traumáticas poco a poco dejan de ser automáticas y exageradas y se vuelven respuestas observables y susceptibles de ser contenidas y modificadas.

Experiencia/*experienciar*

Cuando los psicoterapeutas corporales hablan de experiencia, pueden referirse a dos cosas distintas, aunque relacionadas. Por una parte, la palabra experiencia puede ser un acontecimiento significativo, que se recuerda explícitamente, o ser uno relativamente inconsciente, pero que afecta el comportamiento y el estado emocional. Estos sucesos, en la medida en que constituyen un recuerdo fijo, no permiten el cambio y suelen ocasionar creencias limitantes en torno a la propia persona y el mundo en el que vive, por lo que pueden ocasionar sufrimiento innecesario.

Por otra parte, la palabra experiencia puede usarse para describir un proceso que contiene un flujo de sensaciones, sentimientos y símbolos. Para evitar confusiones, el filósofo, psicólogo y psicoterapeuta Eugene Gendlin, discípulo de Carl Rogers, utilizó el término *experiencing* –que se ha traducido como experienciación o experienciar– para referirse a un proceso que contiene los eventos o funciones psicológicas concretas tal y como se sienten, en un flujo de sensaciones o sentimientos (Gendlin, 1964). Se trata del proceso de la experiencia presente percibida hacia adentro. Estos eventos sentidos en el cuerpo son, para este autor, la "materia" de la personalidad o de los eventos psicológicos. Así, la experienciación es una matriz de la que surgen y en la que se funden las funciones psicológicas básicas (pensamiento, memoria y senso-percepción), que de hecho no se viven subjetivamente como separadas. Cuando se les pone atención, se captan como una "sensación sentida" *(felt sense)*, como algo que es al principio difuso, para lo que no se puede encontrar palabras, pero que se siente en el cuerpo, en algún lugar del tórax o en el abdomen (Gendlin, 1981). Ponerse en contacto con la sensación sentida es prestar atención a lo que uno sabe implícitamente, pero no puede decir y tal vez nunca ha intentado poner en palabras (Gendlin, 2004).

La experienciación, en tanto proceso, no es algo fijo o determinado. Al poner atención al flujo de la experiencia, cambia. Se trata de algo que está más allá, o antes, de las palabras, es decir, algo implícito; pero cuando se encuentra una palabra que "cuadra" con cada sensación sentida, las implicaciones se expanden y aparecen nuevas sensaciones. Así, la capacidad de poner atención al experienciar es requisito indispensable para el cambio. Se trata de cambiar nuestra forma de relacionarnos con los eventos, recuerdos, sensaciones y símbolos.

En muchos métodos de psicoterapia corporal se busca que los consultantes presten atención o estudien su experiencia presente, para que dejen de reaccionar de forma automática y estereotipada a las situaciones y tengan, en cambio, la posibilidad de responder. Es también frecuente que se busque reconstruir los eventos que no pudieron ocurrir plenamente en el pasado *(missing experiences)* para que, en el contexto de las sesiones, se logre un desenlace distinto; esto ha sido llamado experiencia emocional correctiva, o experiencia nutritiva (Kurtz, 2008b). Por supuesto, reconstruir la experiencia no tiene que ver sólo con crear una historia o un desenlace alternativo. Modificar el recuerdo de un evento no es suficiente. Hay que cambiar la forma de sentir-se en relación con el mismo. En otras palabras, si la recreación de una experiencia en el ámbito terapéutico es exitosa, también se modifica la forma de experienciar en torno a ese acontecimiento.

La experiencia es tanto un concepto que ayuda a entender lo que sucede en las sesiones, como un objeto de estudio para los consultantes, en los que se cultiva la consciencia fenoménica. Este concepto está íntimamente relacionado con el soma y la consciencia: al percibir el soma necesariamente uno es consciente del flujo de la experiencia, a la vez que poner atención al flujo de la consciencia hace que el cuerpo sea experimentado desde adentro, como lo que uno es.

El énfasis en la experiencia presente no es exclusivo de la psicoterapia corporal. Stern (2004) afirma que no basta explicar, entender o narrar algo: el cambio se basa en la experiencia vivida en tiempo presente, compuesta de "momentos presentes" que suelen durar menos de diez segundos. En cada uno de esos momentos, que para Stern son "mundos en un grano de arena", se pueden analizar y reconstruir los esquemas corporales y las experiencias intersubjetivas, que a la vez son los ladrillos con los que se construyen las narrativas.

De muchas formas, el concepto de experiencia engloba a todos los anteriores, ya que designa el entramado de funciones psicológicas y corporales tal y como es percibido o sentido por cada uno. Así, uno puede experimentar la energía, la consciencia, las partes de la personalidad e incluso su propio carácter en tiempo presente.

En todo caso, tener claridad en los conceptos que sustentan el trabajo es condición necesaria para practicar la psicoterapia más allá de la aplicación burda de técnicas divorciadas de la teoría y, a su vez, la teoría debe estar en continua revisión como resultado de la práctica clínica cuidadosa y de la investigación. Como dice Federico Navarro (1990, p. 30): "La teoría sin práctica es inútil, la práctica sin la teoría es muy peligrosa". En siguientes capítulos hablaremos del marco teórico y en la investigación realizada veremos que esto suele suceder debido a las características de algunos programas de psicoterapia corporal.

Vistos en conjunto, los conceptos propios de la psicoterapia corporal son una declaración de principios, que se oponen a lo que Damasio (1994) llamó "El Error de Descartes"; es decir, a la idea de que existe una separación abismal entre el cuerpo y la mente, separación que, según el mismo autor, no se sostiene debido a que los niveles inferiores de los procesos neurológicos de la razón son los mismos que regulan el procesamiento de las emociones, los sentimientos y las funciones corporales necesarias para la supervivencia del organismo. Así, los estados corporales forman parte de la cadena de operaciones que generan funciones como el razonamiento, la toma de decisiones, la conducta social y la creatividad. Las neurociencias han confirmado que el cuerpo y la mente son dos caras de una misma moneda, tal como afirmaron los psicoterapeutas corporales basándose en la intuición y los datos clínicos.

CAPÍTULO 4

LA PRÁCTICA DE LA PSICOTERAPIA CORPORAL

Introducción

Si algo distingue a la psicoterapia corporal es el hecho de que los profesionales que la practican han desarrollado todo tipo de procedimientos que involucran al cuerpo. Como vimos en los capítulos anteriores, existe una gran cantidad de escuelas, cada una de las cuales propone un sinfín de métodos y técnicas. Todas ellas se enfocan en la comunicación no verbal, y, al menos en algún momento, requieren que sus consultantes presten atención a su postura, movimientos y sensaciones corporales y se muevan durante las sesiones. Además, algunas han creado formas sistemáticas de tocar a los pacientes (Young, 2005a). Las técnicas[1] de movimiento, consciencia corporal y contacto físico son tantas que cualquier intento de hacer algo tan simple como un listado sería una tarea punto menos que imposible.[2] Tal vez la principal dificultad es que hay procedimientos[3] prácticamente iguales que tienen nombres diferentes, a la vez que se han propuesto formas de intervención distintas con el mis-

---

[1] Se entiende por técnica un procedimiento para que el consultante haga algo diferente de lo que haría de modo "natural" en un momento dado de una sesión. Por ejemplo, se le puede llevar a centrarse en algún aspecto de su experiencia que no había notado, a adoptar una postura diferente o a moverse o respirar de una forma distinta. También se le puede tocar de distintas maneras.

[2] Este capítulo se basa principalmente en los procedimientos utilizados por las escuelas que se practican en México.

[3] En este capítulo el término procedimientos se usa para hablar de métodos y técnicas.

mo nombre. Esto, por supuesto, no es exclusivo de la psicoterapia corporal, de tal suerte que conviene seguir las sugerencias de Gendlin (1996/1999), con el propósito de encontrar lo sustancial que está oculto detrás de la jerga de las diversas escuelas. Es necesario "desempaquetar" los procedimientos liberándolos del vocabulario especializado de cada modalidad. Así nos quedamos con un pequeño grupo de formas de intervención (Gendllin, 1996/1999) en lugar de una cantidad muy grande de técnicas con nombres que pueden significar poco fuera de las escuelas en las que se usan.

En segundo lugar, hay que tomar en cuenta que los procedimientos no se usan con el mismo fin y/o con la misma actitud. Por ejemplo, se puede tocar un músculo crónicamente tenso para que el consultante haga consciente la tensión o para relajarlo, y el modo de tocar puede ser invasivo y doloroso o suave.

Por último, los procedimientos pueden agruparse por tipos de experiencia, a los que Gendlin (1996/1999) denomina "vías de entrada", muchas de las cuales son funciones o procesos psicológicos y corporales. En consecuencia, hablando de psicoterapia en general, podemos trabajar con imágenes, hábitos, danza, sueños, interacción interpersonal, entre otros. En este capítulo se propondrá algo parecido, agrupando a los procedimientos en torno a vías de acceso o funciones con las que se implementan formas de trabajo, en el entendido de que las categorías no son mutuamente excluyentes. De hecho, es casi imposible trabajar con una de modo aislado y más bien hay que pensar en ellas como ingredientes que, en diferentes combinaciones y proporciones, son empleados por cada método o escuela y, en última instancia, por cada psicoterapeuta. Para fines de este trabajo se considerarán: 1) el movimiento y la postura, 2) la respiración, y 3) el contacto físico.

En lo que respecta a los propósitos, se puede trabajar con cada función como un fin en sí mismo, o como parte de un programa para trabajar con todas las funciones del cuerpo y la mente. Cuando sólo se recurre a una función, por ejemplo, con la tensión muscular mediante masaje, sin entrar en aspectos emocionales o cognoscitivos y, sobre todo, sin que haya una relación terapéutica, se habla de una terapia (o de educación somática) y no de una psicoterapia (Young y Pallaro, 2008).

En cuanto a la psicoterapia, al trabajar con una tensión o alguna otra función corporal es posible:

- Obtener información que ayuda al diagnóstico, al proporcionar datos acerca de cómo son y de cómo están las personas (Dychtwald, 1983; Kurtz y Prestera, 1976).

- Acceder a material "psicológico", es decir, material que sirve para conocer y modificar los recuerdos, pensamientos, emociones y sensaciones corporales de las personas.

- Utilizarlas con el fin de desbloquear el cuerpo (Reich, 1942, 1949; Lowen, 1958) o reconstruir un evento significativo (Kurtz, 1990, 2008b; Ogden, Minton y Pain, 2006).

Los objetivos de la psicoterapia corporal pueden ser generales y expresarse de modo que los consultantes se vuelvan personas más armoniosas y desarrollen sus potencialidades, o específicos, es decir, para ayudarles a ser capaces de enfrentarse a determinados conflictos (Heller, 2013).

Desde luego, estos propósitos no se excluyen mutuamente. Así, en el análisis del carácter, el movimiento se usa para obtener información y acceder a otras funciones psicológicas. Por otra parte, el trabajo con el movimiento y la postura puede analizarse en busca de aspectos característicos que conduzcan a la reconstrucción de una experiencia básica (Kurtz, 2008b, Rispoli, 2004) o a la descarga de emociones para disolver los bloqueos crónicos del cuerpo. Tanto el análisis del carácter como la reconstrucción de la experiencia se tratarán con más detalle en otros apartados.

Si tomamos por ejemplo el movimiento, las diferentes escuelas de educación somática tienen por objetivo ayudar a que los movimientos de sus alumnos sean más libres, más eficientes o más gozosos. Cuando no trabajan con el material "psicológico" que puede surgir, se habla de educación somática y no de psicoterapia (véase el Capítulo 1). En cuanto al diagnóstico, se pueden inferir rasgos de carácter, trastornos psicológicos, actitudes y creencias subyacentes a partir del movimiento y, finalmente, cuando una persona se mueve de un modo distinto del habitual, u observa sus movimientos característicos, pueden emerger recuerdos, emociones o imágenes. En última instancia, al explorar nuevas formas de movimiento, o de cualquier función, se hace posible el cambio y el crecimiento personal.

Para este trabajo, las combinaciones de procedimientos se pueden concebir como métodos, es decir, como un plan general de acción que incluye reglas y formas recurrentes de operaciones para obtener resultados.

Cada método implica una combinación particular de procedimientos que se emplean en torno a las diferentes combinaciones o tipos de experiencia. A su vez, se dispone de innumerables técnicas, a veces variaciones sobre un mismo tema, para cada función. De nuevo, tratar todos los métodos y las escuelas que los proponen va más allá de los propósitos de este trabajo.

Las funciones con las que suele trabajarse en la psicoterapia corporal son el movimiento y la postura, la respiración, los elementos no lingüísticos del habla y el contacto físico.[4]

El movimiento y la postura

El trabajo con el movimiento es quizá lo único que tienen en común todas las escuelas de psicoterapia corporal (Rispoli, comunicación personal, agosto de 2005) y que las distingue de otras corrientes. El movimiento, como bien dice Caldwell (1977b), es el *modus operandi* de la vida y una de las premisas de la psicoterapia corporal es utilizar la acción para propiciar el cambio y el desarrollo personal. Sin embargo, considerando la diversidad de escuelas existentes, el movimiento y la postura se pueden emplear en diferentes formas y con diferentes propósitos.

En cuanto a la forma, en algunas modalidades como el Método Hakomi, se prescriben movimientos lentos, atendiendo[5] a las sensaciones, emociones, recuerdos o imágenes que surjan (Kurtz, 1990, 2008b), mientras que en otras, como en Análisis Bioenergético, se exhorta a los consultantes a que realicen movimientos expresivos fuertes hasta que se produzca una descarga emocional intensa (Lowen, 1958, 1975, 2004). La Vegetoterapia Caracteroanalítica utiliza la repetición de una acción muy específica, con el objetivo de desbloquear los diferentes segmentos del

---

[4] Por supuesto, hay modalidades que trabajan con la imaginación, los sueños y la interpretación de la transferencia, por mencionar sólo algunas. El tratarlas todos va más allá del propósito de este trabajo.

[5] La atención plena de la que se habló en el capítulo anterior.

cuerpo (Navarro, F., 1990) y hay escuelas de danzaterapia en las que se busca que los participantes se entreguen a los movimientos espontáneos que "quieren suceder". Se pueden encontrar variantes que van desde el trabajo con movimientos gruesos (como la locomoción) hasta sutiles, como las expresiones faciales que duran fracciones de segundo (Caldwell, 1977b). Algunas modalidades trabajan con el aumento y la disminución de las tensiones para conocerlas mejor, encontrar sus correlatos psicológicos y corporales y modificar la organización del cuerpo y la mente, como la *Formative Psychology* (Keleman, 1987); otras procuran que las personas reproduzcan al detalle escenas de su vida para luego darles otro desenlace, como el psicodrama (Ramírez, 1985) o el sistema Pesso Boyden (Pesso, 1997). Las diversas formas de trabajar con el movimiento y la postura, como es de esperarse dada la historia de la corriente que nos ocupa, no sólo han surgido de la psicoterapia sino de la danza, el teatro, la educación física y la fisioterapia (Eisenberg, 2007). En todos los casos, se trabaja con la suposición de que hablar de algo no es lo mismo que hacerlo y que el pensamiento y la palabra pueden facilitar la acción, pero también pueden inhibirla. Entonces, el hecho de que las personas hablen acerca de los problemas o relaten la historia de su vida no siempre es suficiente para que cambien. Al incorporar al movimiento se tiene acceso a emociones, recuerdos y creencias que de otra manera no se conocerían y a su vez, al ser conscientes de los movimientos y posturas asociados a diferentes estados de ánimo o recuerdos, es posible reorganizar unos y otros (Keleman, 1987; Ortiz, 1999).

El trabajo con movimiento como un fin en sí mismo

El movimiento como un fin en sí mismo se usa para restablecer el funcionamiento pleno de la persona tanto en el plano físico como en el mental. De acuerdo con la educación somática,[6] nuestros movimientos por sí mismos determinan nuestra calidad de vida y el nivel de bienestar, y el objetivo es hacernos más competentes en el manejo de las sensaciones y los movimientos en tanto cuerpo vivo, sentido (Joly, 2008).[7] No

---

[6] Las relaciones entre la psicoterapia corporal y la educación somática se trataron en el Capítulo 1.

[7] Véase el Capítulo 3 de este libro.

se trata de hacer ejercicios mecánicos, sino de experimentar conscientemente con nuevas posibilidades de movimiento (Gindler, 2004; Weaver,
2004). Algunas escuelas psicoterapéuticas también trabajan con el movimiento como un fin en sí mismo. La psicoterapia funcional de Rispoli (1993, 1999, 2004) considera que el movimiento, como cualquier
función, se puede alterar de modo que se haga estereotipado o limitado,
por lo que uno de los objetivos terapéuticos es restablecer su amplitud y
variabilidad.

El movimiento y la postura como indicadores diagnósticos y como vía de acceso: análisis del carácter

El análisis del carácter de Reich es una de las más grandes contribuciones
a la psicoterapia. Una de sus premisas, atender a lo no verbal, ha sido
adoptada por la mayoría, si no es que por todas las modalidades de psicoterapia corporal.

En 1933 Reich publicó *Análisis del carácter*. El libro reunía trabajos
presentados por el autor a partir de 1927. A esta obra se añadieron nuevos capítulos en las ediciones de 1942 y 1948. El libro que se consigue
hoy es, por tanto, resultado de más de veinte años de trabajo, y en él se
puede ver la evolución de un autor que formó el movimiento psicoanalítico, cuestionó algunos de sus fundamentos y luego creó su propia forma de tratar los problemas emocionales. Con todas las diferencias entre
los primeros y los últimos capítulos, uno de los temas fundamentales es,
precisamente, el análisis de las formas típicas del comportamiento, es
decir, el análisis del carácter, en particular a partir de lo no verbal.

La expresión "análisis del carácter" no se usa tanto en nuestros días,
salvo entre los terapeutas postreichianos, pero sigue siendo uno de los
métodos fundamentales de las diversas modalidades de psicoterapia corporal si entendemos la palabra análisis en el sentido de aislar lo fundamental (*Stanford Encyclopedia of Philosophy*, 2009). Si carácter es aquello
que nos es propio, que nos define como individuos, el análisis del carácter sería entonces el intento sistemático de encontrar los elementos que
hacen que cada uno sea lo que es.

Hay variantes del análisis del carácter, según la teoría y los principios
que sustenten su práctica, pero como método, ha resistido el paso del
tiempo, aunque en la mayoría de los casos no se llame "análisis del ca-

rácter" y, a veces, ni siquiera se dé el debido crédito a Reich. Para fines de exposición conviene distinguir el análisis del carácter tal como lo entienden Reich y sus seguidores del que hacen los psicoterapeutas corporales de tercera generación, es decir, los que no fueron sus discípulos o pacientes y desarrollaron sus métodos y teorías a partir de 1980.

El análisis del carácter en los seguidores de Reich: el modelo del conflicto

Una de las habilidades que han distinguido a los grandes psicoterapeutas, desde Freud hasta nuestros días, es la capacidad de "leer" el cuerpo. La comunicación no verbal puede ratificar o contradecir lo expresado verbalmente, o también puede mostrar emociones, estados de ánimo o rasgos de carácter que, de no notarse, permanecen fuera de la consciencia tanto de los consultantes como de los psicoterapeutas. Para cualquier terapeuta, independientemente de su orientación, resulta de gran utilidad aprender a leer el cuerpo y también a activar la experiencia, es decir, incorporar algún tipo de acción motora/corporal a la "cura por el habla". Cuando atendemos a nuestra experiencia corporal presente, puede emerger un intenso sentido de la vida y de lo que se trata en la sesión (Gendlin, 1996).

Si bien muchos grandes psicoterapeutas se han distinguido por ser capaces de percibir e interpretar la comunicación no verbal, fue Reich quien sistematizó esta tarea al proponer el análisis del carácter. Partiendo del análisis de las resistencias, Reich advirtió que la resistencia más importante no se hallaba en lo que los pacientes decían, sino en cómo lo decían. Entonces empezó a dirigir su atención no tanto al contenido como a la forma de la comunicación y a la actitud general de sus pacientes.

La habilidad de Reich para interpretar las actitudes, gestos y movimientos de sus pacientes era notable y el análisis sistemático del carácter es, sin duda, una de las más importantes contribuciones a la psicoterapia. Una de sus premisas, atender a lo no verbal, ha sido adoptada por casi todas, o todas, las modalidades de psicoterapia corporal. Algunos de sus discípulos más conocidos, como Fritz Perls, creador de la terapia Gestalt (Shepard, 1973); Alexander Lowen (1958,1975), fundador del Análisis Bioenergético, y John Pierrakos (1987), creador de la Core energética, fueron grandes analistas del carácter, capaces de "leer" en el cuerpo patrones estables de comportamiento como estados de ánimo pasajeros.

Reich y sus seguidores analizan el carácter en términos del conflicto que surge entre los impulsos y las defensas que impiden su expresión (Reich, 1949). Según esta postura, cuando la expresión de los impulsos espontáneos de los niños se ve coartada una y otra vez por los padres, se producen contracciones musculares crónicas que impiden su expresión. Con el tiempo, las contracciones se vuelven involuntarias y no sólo reprimen el impulso original, sino que restan vitalidad y movilidad al organismo (Baker, 1974; Reich, 1942, 1949). Al observar los movimientos y posturas característicos, los psicoterapeutas reichianos pueden darse cuenta de qué impulsos fueron reprimidos, en qué etapa y, en algunos casos, si su expresión fue coartada por el padre o la madre (Ortiz, 1999). Esto ha dado origen a diversas tipologías del carácter (Baker, 1974; Johnson, 1985, 1987, 1991, 1994; Lowen, 1958, 1975).

El análisis del carácter en términos de conflicto entre los impulsos y las defensas origina una forma de trabajo en la cual, como se vio en el Capítulo 2, los psicoterapeutas buscan movilizar las emociones reprimidas (Reich, 1949), ya sea mediante movimientos expresivos, como en la Bioenergética y la Core energética (Lowen, 1958, 1975, 2004; Lowen y Lowen, 1977; Pierrakos, 1987) o mediante los *actings*, de la Vegetoterapia Caracteroanalítica, tal como la enseñan Federico Navarro (1990) y Serrano (2007): "intervenciones corporales que provocan reacciones neurovegetativas emocionales y musculares capaces de reestructurar una sana psicoafectividad que ha sido puesta en conflicto desde el nacimiento" (Navarro, F., 1990: 24). En ambos casos, la forma de realizar los movimientos también tiene un valor diagnóstico. Respecto a los efectos, los movimientos prescritos por los psicoterapeutas algunas veces provocan emociones intensas, movimientos espontáneos y el recuerdo de eventos que habían sido reprimidos. De esta manera, el movimiento es una vía de acceso a material "psicológico". Independientemente de las diferencias entre las modalidades de las psicoterapias postreichianas (Baker, 1974; Blumenthal, 2001; Navarro, F., 1990) y entre estas y las psicoterapias neoreichianas (Lowen, 1958, 2004), todas ellas hablan de trabajar sobre las tensiones crónicas del cuerpo para movilizar las emociones y, por tanto, la energía, de modo que se restablezca el funcionamiento del organismo.

El análisis del carácter en la psicoterapia corporal de tercera generación: el modelo de la carencia y la información

A partir de la década de 1980 se dieron a conocer nuevos métodos de psicoterapia corporal de tercera generación, es decir, originadas por personas que no conocieron a Reich y que se apartaron del modelo de conflicto entre los impulsos y las defensas y de conceptos que impliquen defensas o patología. En Estados Unidos surgieron, entre otras, el Método Hakomi (Kurtz, 1990, 2008b) y la terapia sensorio-motriz (Ogden, Minton y Pain, 2006), el sistema Pesso Boyden (Pesso, 1997), la *Integrative Body Psychotherapy*, de Rand (1997), y el Ciclo del Movimiento (Caldwell, 1996, 1997). Por otra parte, en Europa se originaron la Psicoterapia Funcional de Rispoli (1993, 1999, 2004) y la *Integrative Body Therapy* (Peztold, 2004). Aunque la mayoría de estas escuelas no hablan de análisis del carácter, en los hechos ponen atención a la comunicación no verbal, en busca de los aspectos esenciales (actitudes, creencias, rasgos de carácter) de sus consultantes.

Ron Kurtz, creador del Método Hakomi, se ha distinguido por ser un extraordinario observador de lo no verbal (Kurtz y Prestera, 1976). En sus escritos recientes (Kurtz, 2008b) enseña a atender a los indicadores, es decir, las señales externas de los estados de ánimo y los hábitos fijos y creencias profundas.

Hay dos tipos de indicadores:

1. Expresiones pasajeras que indican cómo está la persona (Kurtz, 2008b; Ogden, Minton y Pain, 2006).

2. Movimientos, posturas, gestos habituales que indican tipos de personalidad, rasgos de carácter o creencias profundas, no del todo conscientes (Dychtwald, 1977; Kurtz y Prestera, 1976; Navarro, R., 1984). En ese sentido, los psicoterapeutas buscan las señales externas de los hábitos y las creencias.

Durante una sesión, el terapeuta debe estar atento tanto a la historia como a la persona que la cuenta. Las creencias profundas y los estados de ánimo presentes determinan el cómo se relata la historia. La detección de un indicador de un estado momentáneo puede dar lugar a una frase de contacto, con la que el terapeuta le hace saber al consultante que está con él y lo entiende, mientras que un indicador del carácter da pie a un pequeño experimento en el que la atención del consultante pase del contenido de la conversación a la exploración de las creencias implícitas que tiene.

En conclusión, el movimiento y la postura se pueden analizar como indicadores de formas de ser, así como de estados pasajeros, y son una vía de entrada para acceder a los rasgos de carácter, las creencias, los hábitos, los estados de ánimo y las emociones. El movimiento se utiliza como una "vía de entrada", en el entendido de que moverse de modos distintos puede venir acompañado de recuerdos, emociones y pensamientos implícitos, es decir, no accesibles a la memoria autobiográfica. En ese sentido, muchas escuelas coinciden en que sólo así es posible acceder a situaciones que ocurrieron en los primeros años de la vida, antes de que la persona hablara, o bien que por su intensidad no se procesaron verbalmente. Al emerger, pueden asociarse a representaciones verbales, es decir, se hacen conscientes (Kurtz, 2008b; Ogden, Minton y Pain, 2006). Para lograrlo, en muchas modalidades de tercera generación se cultiva la atención plena. De esta forma, el propio consultante aprende a ser un cuidadoso y aceptante observador de su propia experiencia[8] (Cole y Ladas-Gaskin, 2007; Gendlin, 1981, 1996; Johanson y Kurtz, 1990; Kurtz, 1990; Moreno, 2009; Ogden, Minton y Pain, 2006). El estudio de la experiencia no sólo incluye el movimiento y la postura, sino la respiración (que se abordará más adelante), las funciones "psicológicas" y las relaciones entre cada función y las restantes en el momento presente.

Estas nuevas escuelas de psicoterapia observan el movimiento y la postura en busca de información acerca de las creencias básicas que organizan la experiencia (Kurtz, 1990, 2008b) o de alteraciones funcionales (Rispoli, 1999). Todas hacen hincapié en reconstruir experiencias básicas en el tiempo presente de las sesiones. Por ejemplo, Rand (1977) habla de regresar al contexto del primer escenario, Pesso (1977) se refiere a crear "estructuras" que pongan remedio a los déficits del pasado, y Kurtz y Minton (1997) de crear experiencias que faltaron (véase la sección sobre reconstrucción de la experiencia en este capítulo).

---

[8] La atención plena se trató en el Capítulo 3.

Las observaciones clínicas de los psicoterapeutas corporales han sido corroboradas y refinadas por los estudiosos de la comunicación no verbal desde la antropología, en tanto son función de la cultura (Hall, 1966/1969; Morris, Collet, Marsh y O' Shaughnessy, 1979/1981), la sociología –cuando tienen que ver con los roles sociales y las instituciones– (Goffman, 1959/1980), y la psicología, como parte de la interacción social y como resultado de la evolución (Ekman, 2003; Ekman y Rosenberg, 1997; Knapp, 1980; Ricci Bitti y Cortesi, 1977/1980). Si hubiera una conclusión sobre los numerosos estudios realizados o citados por estos autores, es que en efecto es posible hacer inferencias sobre de la cultura, los roles sociales, la interacción y la emociones a partir del movimiento y la postura. Al respecto, algunos terapeutas han adoptado la postura de que la única verdad es la del cuerpo, desestimando así la comunicación verbal. Otros, más prudentes, piensan que los gestos y los movimientos pueden matizar, complementar o contradecir al discurso o incluso transmitir información implícita, que los consultantes no tienen totalmente consciente.

La respiración

Aunque en rigor la respiración también es movimiento y como tal puede ser un indicador para analizar el carácter, merece tratarse por separado. Diversas culturas han usado el trabajo con la respiración para promover la salud y para inducir estados alterados de consciencia. El control consciente de la respiración, junto con la danza, las drogas y la meditación, se usaba para provocar éxtasis, identificación con diversas figuras míticas y la aparición de poderes en los chamanes e iniciados (Campbell, 1962). Las tradiciones chamánicas que hubo en Occidente fueron borradas por la intolerancia de las iglesias cristianas, enemigas de que sus fieles encontraran un Dios inmanente y temerosas de que se liberaran de la tutela de los sacerdotes; por ende, el interés por la respiración en Europa y América del Norte fue resultado de la búsqueda de salud (Ortiz, 1999).

Dentro de la tradición de la educación somática se reconoce que Elsa Gindler y sus discípulas Charlotte Selver[9] y Carola Speads fueron más

---

[9] En el Capítulo 2 vimos cómo Gindler y Selver influyeron en diferentes psicoterapeutas en Europa y Estados Unidos y, en particular, la influencia indirecta de Elsa Gindler en el interés de Reich por la respiración.

allá de los ejercicios de respiración o de enseñar una manera correcta de respirar.

En cambio, invitaban a sus alumnos a explorar o experimentar con la respiración (Selver, 2004; Speads, 1994; Weaver, 2004). Para ellas, el objetivo era darse cuenta de cómo la respiración se interrumpía, e intentar que fluyera armoniosamente con todas las actividades de la vida cotidiana (Selver, 2004b).

Según Speads (1978), no hay una forma de respirar que sea la correcta para las diferentes situaciones de la vida. Por el contrario, la respiración es correcta si se ajusta libremente a las necesidades de cada momento, de manera que nos apoye para enfrentarnos a los diversos retos con que nos encontramos.

La psicoterapia corporal ha oscilado entre la búsqueda de la respiración natural y la prescripción de la respiración forzada. En el periodo en que Reich vivió en Noruega y practicó la Vegetoterapia Caracteroanalítica, la respiración cobró cada vez más importancia en su trabajo terapéutico.

De acuerdo con Boadella (1973), Reich empezó a poner atención en las alteraciones respiratorias de sus pacientes alrededor de 1935. Notó que la liberación de las emociones siempre estaba acompañada de una respiración más completa y libre (Sharaf, 1983). Como consecuencia, la supresión de las emociones se conseguía al no permitir la exhalación completa.

En el capítulo *"La función del orgasmo"* (Reich, 1948, pp. 255-256), destacó la importancia de la respiración como técnica para producir el reflejo del orgasmo:

> No existe neurótico capaz de exhalar en un solo aliento, profunda y suavemente. Los enfermos han desarrollado todas las prácticas concebibles para evitar la respiración profunda. Exhalan "espasmódicamente" o, tan pronto como han expelido todo el aire, rápidamente vuelven el pecho a la posición inspiratoria. Algunos pacientes, cuando se percatan de la inhibición, la describen así: "es como si una ola del mar golpeara un acantilado".

Reich advirtió que si indicaba a sus pacientes que respiraran profundamente, su inspiración y espiración se hacían forzadas y artificiales. Por eso desalentaba los ejercicios respiratorios. En relación con esto, Sharaf (1983, p. 313) recuerda que en las sesiones Reich le decía: "Nada de ejercicios de yoga, por favor". En cambio, para ayudar a sus pacientes a superar este problema, los invitaba a seguir hasta el fin de su respiración, atendiendo a las diferentes formas en que inhibían este proceso.

Los alumnos y seguidores de Reich también recomiendan la respiración natural. Tanto en la terapia bioenergética como en la terapia reichiana ortodoxa, se invita a los consultantes a no contener su respiración y a permitirse respirar naturalmente, pero no se les pide que respiren de un modo forzado (Baker, 1967; Lowen y Lowen, 1977; Navarro, F., 1993).

Por otra parte, la respiración profunda, forzada, ha sido empleada por muchas psicoterapias corporales. En particular, la terapia primal (Janov, 1970) y las terapias de renacimiento utilizan la hiperventilación para provocar descargas emocionales y estados alterados de consciencia.

Groff también utilizó una forma de respiración forzada, a la cual llamó respiración holotrópica, para producir estados alterados de consciencia. Durante años, este autor experimentó con los efectos del LSD en sus pacientes durante las sesiones terapéuticas. Encontró que, tarde o temprano, todos trascendieron "el estrecho marco de referencia psicodinámico para adentrarse en los ámbitos perinatales y transpersonales" (Groff, 1980, p. 145). La investigación con LSD debió suspenderse por razones legales y Groff optó por utilizar la hiperventilación para producir estados alterados de consciencia.

Los malos hábitos respiratorios que durante toda su vida han observado la mayoría de las personas ocasionan que, si se les pide que respiren siguiendo la exhalación hasta el final, tal como lo hacía Reich, pueden hiperventilarse. Esto se soluciona si se les pide que hagan una pausa al terminar la exhalación. La hiperventilación produce deficiencia de bióxido de carbono y hace que el pH de la sangre se haga más alcalino; paradójicamente, debido a estos cambios las arterias que llevan sangre al cerebro se contraen, por lo que el flujo de sangre se reduce una tercera parte de lo normal (Ortiz, 1999). Los efectos de hiperventilación son la respuesta del cuerpo a una situación de estrés que produce desorientación o confusión a un nivel psíquico, y una serie de síntomas asociados a la angustia e hipertensión en el cuerpo.

Consciente de ello, Boadella (1987) se preguntaba cómo se podría ayudar a las personas provocando disfunciones en los principales sistemas del cuerpo. Según él, la creencia de que la hiperventilación ayuda a que las personas "rompan" los bloqueos, carece de bases fisiológicas y puede ser peligrosa.

La hipoventilación no ha recibido la misma atención que la hiperventilación en la literatura especializada. Al respirar más lentamente, se produce un decremento de la actividad y se entra más en la fantasía (Keleman, 1985). La hipoventilación se ha usado más en el contexto de diferentes técnicas de meditación. Boadella (1987) afirma que la mitad de las personas necesitan aprender cómo profundizar su inspiración, mientras que a la otra mitad se les puede ayudar si exhalan en forma completa y libre. Lo mismo se puede afirmar de la hipo e hiperventilación, íntimamente relacionadas, aunque no idénticas, a los problemas con las fases de la respiración; las personas impulsivas probablemente se beneficien de ciertas prácticas contemplativas e introspectivas, que implican respirar menos. Estas mismas prácticas resultarían contraproducentes para personas cuya existencia es demasiado quieta. Por otro lado, al respirar profundamente se podría ayudar a las personas con problemas de falta de energía e iniciativa. Finalmente, todos se beneficiarían si se permitieran ajustar su respiración a las diferentes situaciones de la vida.

Incluso, hay otra forma de trabajar con la respiración en psicoterapia. Canetti (1960) da cuenta de cómo al marchar o entonar cantos o consignas al unísono, un conjunto de individuos se va transformando en una masa. Los cantos en las diferentes iglesias, las porras en los estadios y los gritos a coro de los manifestantes sirven para esta función. El contagio emocional que se produce en las multitudes también puede suceder en una sesión terapéutica y en otros contextos. La coinspiración, técnica que consiste en sincronizar el ritmo respiratorio de dos o más personas, se ha usado en las disciplinas esotéricas para establecer "resonancia mental" y simpatía entre iniciados y maestros. Se dice que Gurdjieff era experto en esas técnicas (Walker, 1977). En el contexto de la psicoterapia, Grinder y Bandler (1980) recomiendan respirar el mismo tiempo y con la misma profundidad como forma de establecer contacto o *rapport* con los pacientes. Advierten que esta forma de reflejo no verbal suele ocurrir de modo inconsciente y que si se hace con pacientes que presenten padecimientos serios o molestos, el terapeuta podría también contagiarse (Hatfield, Cacciopo y Rapson, 1994).

El contacto físico

En la medida que el cuerpo es objeto de tratamiento, tanto o más que las verbalizaciones del paciente en las distintas modalidades de psicoterapia corporal, muchas diferentes formas de contacto físico se vuelven parte del repertorio del terapeuta. Desde luego, aun el saludo convencional puede dar pie a intervenciones terapéuticas, pero me referiré en específico a las técnicas en las cuales se emplean el contacto físico propositivamente para producir ampliación o cambio en la consciencia y/o emergencia de emociones, además de la relajación o modificación de los patrones de tensión muscular. Si el contacto sólo pretende producir beneficios a nivel físico, el trabajo no se puede llamar psicoterapia, pero puede tener resultados terapéuticos. Por otra parte, determinadas formas de contacto quizá no hayan surgido en el contexto de psicoterapia, pero pueden utilizarse con esos fines.

En el masaje terapéutico, el terapeuta aplica sus manos a un paciente cuya tarea es principalmente recibir y, en algunos casos, reaccionar al contacto. Es muy difícil hacer una lista que incluya todos los tipos de masaje. Como señala Martínez (1992): "En casi todas las culturas se han desarrollado de manera artesanal técnicas de masaje, las cuales han sido utilizadas para el alivio de trastornos tanto del "cuerpo como del alma".

Pero quienes practicaban el masaje, aun sin una preparación en psicología, pronto advirtieron que sus efectos no se limitan a relajar tensiones y mejorar la circulación: con frecuencia surgen emociones y recuerdos que hasta entonces habían permanecido inconscientes. Las técnicas de masaje tradicional han sido redescubiertas por los psicoterapeutas que no temen utilizar el contacto físico en situaciones profesionales.

El mismo Reich empezó a usar sus manos para disolver las tensiones de sus pacientes durante su estancia en Noruega, entre 1934 y 1939. Presionaba con fuerza usando su pulgar o la palma de su mano para atacar las contracturas musculares y despertar las emociones contenidas en ellas. Myron Sharaf (1983), paciente y biógrafo de Reich, afirma que el tipo de contacto físico que usaba era neutral, de alguna manera médico y no tenía que ver con masajes o imposiciones de manos.

Según Federico Navarro (1993), el masaje reichiano tiene por objetivos permitir al paciente percibir sus propias tensiones y al terapeuta localizarlas y movilizar la energía bloqueada con ellas.

La integración estructural, más conocida como *rolfing* (Rolf, 1977), y un derivado de esta, la integración postural de Jack Painter (1984), son conocidas precisamente por trabajar con base en masajes profundos que pueden ser muy dolorosos. El fin (en este caso, "liberar" emociones y lograr que el paciente asocie y recuerde), parece justificar los medios. El terapeuta debe ser particularmente cuidadoso. Painter (1987) advierte que el masaje demasiado fuerte, que produce un dolor tan intenso que el paciente no puede asimilar, hace que se corra el riesgo de cortar el proceso de transformación y curación, pero si es muy débil o condescendiente, pierde su poder.

Además de los masajes suaves y profundos, los psicoterapeutas corporales utilizan el contacto físico de la misma manera que el lenguaje: como una forma de comunicarse con sus pacientes o de orientar los movimientos del paciente con sus manos.

En resumen, al tocar a sus pacientes, los terapeutas pueden perseguir diferentes fines, que no se excluyen entre sí (Ortiz, 1999):

- Relajar tensiones.
- Reorganizar patrones musculares.
- Aumentar la sensibilidad.
- Provocar la emergencia de recuerdos y emociones.
- Dirigir movimientos.
- Comunicar ofreciendo apoyo, contención, resistencia, entre otros.

En todos los casos, el contacto físico no es una maniobra mecánica sino una forma de comunicación entre un profesional y alguien que busca ayuda y debe estar al servicio del proceso terapéutico y no de las necesidades del terapeuta. Cuando se emplea el masaje o alguna otra forma de contacto físico, es el terapeuta el que hace el esfuerzo. Si el consultante evoca o si cambia su patrón de tensiones musculares, es resultado de algo que se le hace. El papel pasivo que adopta puede reforzar la creencia de que el cambio debe venir de afuera, gracias a la intervención de otra persona. Por otro lado, para quienes les cuesta recibir, la experiencia de estar acostado mientras alguien se ocupa de ellas puede ser muy nutritiva (Ortiz, 1999).

Para los consultantes la experiencia de ser tocado puede implicar:

- La sensación de ser cuidado, de ser atendido y de que alguien se haga cargo de él.

- Conocer su propio cuerpo de un modo distinto, sensibilizarse, estar más en contacto consigo mismo a nivel corporal.

- Aceptar su propio cuerpo, desinhibirse.

- Asociar recuerdos, sensaciones y sentimientos.

- Ser dirigido, ensayar nuevas conductas, sentir apoyo.

- Realizar deseos, dada la transferencia con el terapeuta.

- Reconstruir experiencias que faltaron.

- Excitarse sexualmente.

- Sentirse invadido, molesto o provocado.

De nuevo, estas posibilidades no se excluyen mutuamente y deben ser exploradas con cuidado por el terapeuta y el consultante.

La reconstrucción de eventos significativos

El pionero de la utilización del movimiento en psicoterapia fue sin duda Jacobo Levi Moreno (1959, 1978). En el psicodrama, que surgió de la inconformidad de Moreno con los métodos verbales y analíticos, la persona actúa en el contexto terapéutico, en lugar de hablar de su problema. Para Moreno, al permitir que sus pacientes expresaran sus impulsos y pensamientos mediante la actuación se conseguía la emergencia de material inconsciente, muchas veces inaccesible mediante las asociaciones verbales y se prevenía el *acting-out*, es decir la actuación inconsciente de impulsos que podían resultar peligrosos (Blatner, 1973; Moreno, 1966; Ramírez, 1985). Pero Moreno no se limitaba a utilizar la acción para conocer los contenidos del inconsciente, sino que creía que todos tenemos un *hambre de actuar* todo aquello que no se nos había permitido hacer en la vida cotidiana. Al cumplir el deseo de hacer aquello que habían deseado hacer, los protagonistas se conocían mejor a ellos mismos y exploraban nuevas posibilidades (Latner, 1973). En ese sentido, se creaba una realidad *surplus*, en la que la imaginación y la dramatización de los acontecimientos personales conflictivos y traumáticos se modificaban a gusto del protagonista (Ramírez, 1985; Sánchez Azuara, 2000). Al cumplir el deseo de hacer aquello que habían querido hacer, los protagonistas se conocían mejor a ellos mismos (Latner, 1973). De esta manera, no sólo se hablaba de los problemas y conflictos, sino que se ofrecía la oportunidad de resolverlos o darles otro desenlace en el espacio terapéutico.

En la actualidad, muchos métodos utilizan el movimiento para reconstruir experiencias básicas que pongan remedio a las carencias, conflictos o traumas del pasado (Alexander, 1946; Kurtz, 1990, 2008b; Pesso, 1997; Poppeliers y Broesterhuizen, 2007; Rand, 1997; Rispoli, 1993, 1999, 2004).

Estas nuevas escuelas de psicoterapia observan el movimiento y la postura en busca de información acerca de las creencias básicas que organizan la experiencia (Kurtz, 1990, 2008b) o de alteraciones funcionales (Rispoli, 1999). Esto les ayuda a saber cuáles son las experiencias que pueden ser sanadoras. Se trata de reconstruir experiencias básicas en el tiempo presente de las sesiones. Por ejemplo, Rand (1977) habla de regresar al contexto del primer escenario, Pesso (1977) se refiere a crear "estructuras" que pongan remedio a los déficits del pasado y Kurtz y Minton (1997) de crear experiencias que faltaron *(missing experiences)*:

> Una parte importante del método terapéutico es cómo crear la experiencia que faltó. Alguien que nunca se ha sentido seguro en su vida tendrá una experiencia muy poderosa cuando finalmente se sienta seguro. Es importante tomarse tiempo suficiente con esta experiencia para estabilizarla y crear rutas de acceso a ella. (...) Una vez que llegamos a la experiencia que faltó, le queremos dar al cliente suficiente tiempo para absorberla totalmente, memorizarla, saborearla, aprender de ella y hacerla una y otra vez para ver si la puede integrar (1977, p. 57).

La reconstrucción de eventos significativos puede darse a través de un *role playing* relativamente sencillo, hasta un ritual elaborado, que recuerda los que se hacían en diferentes sociedades, como los ritos de pasaje. Según Díaz (1988), los rituales configuran nuestro ser en el mundo; movilizan deseos, intereses y saberes, y son capaces de crear nuevos significados; vinculan el pasado individual o colectivo con un proyecto y alivian las tensiones, la inseguridad y la orfandad psicológica.[10] En la experiencia de la persona queda la impresión de que las cosas pueden ser de otra manera cuando el terapeuta o algún miembro del grupo se prestan para que el consultante tenga una vivencia diferente, nutritiva, tal vez con un desenlace venturoso, que contraste con el recuerdo de carencia o trauma. De esta manera la escenificación en el presente atenúa o anula la influencia del pasado.

Al Pesso (2013), creador de la terapia Pesso Boyden Psychomotor y estudiante de Moreno, afirma que en el escenario simbólico de la psicoterapia se organizan eventos sanadores, alternativos y que satisfacen necesidades, como si hubieran pasado en otro tiempo y lugar. Otros miembros del grupo actúan como si fueran figuras significativas ideales, capaces de interactuar con el consultante de modo que se satisfagan necesidades no cubiertas.

En Italia, Luciano Rispoli (1993, 1999, 2004) también ha buscado recrear o, en su caso, reconstruir las experiencias básicas por las que toda persona pasa en su desarrollo. Según él, estas experiencias son el fundamento del funcionamiento humano. Si se experimentan de manera plena y positiva, permanecen como una reserva, una capacidad que permanece toda la vida, capacidad a la que podemos recurrir cuando sea necesario. De no ser así, se deben reconstruir en la psicoterapia.

Las experiencias básicas del sí son aquellas que pueden ser consideradas esenciales, indispensables para un desarrollo equilibrado de la personalidad. Son fundamentales para la experiencia que cada individuo ha atravesado en su vida, sobre todo en la infancia, aunque a veces no de modo suficiente (2004). Algunas de las experiencias de las que se ha ocupado Rispoli (1999) tienen que ver con el ser contenido, ser cargado, ser apreciado, soltar, dar y recibir amor, experimentar la propia fuerza, etc. Rispoli ha creado técnicas mediante las cuales se pueden inducir estas experiencias, mientras que Ron Kurtz (2008b) prefiere improvisar en la reconstrucción de las experiencias de acuerdo con cómo se presenten las sesiones y siempre en colaboración con sus pacientes.

---

[10] En su *Archipiélago de rituales*, Díaz analiza diferentes teorías antropológicas del ritual y sin duda las frases que cité están fuera del contexto en el que las escribió el autor, pero sirven para demostrar algunas posibles funciones de los rituales psicoterapéuticos.

La reconstrucción de eventos importantes suele despertar un alivio profundo que conduce a la sanación. Se notan cambios en la respiración, la tensión muscular, la expresión facial, la postura, al tiempo que las situaciones relacionadas con esa experiencia en particular se perciben de otra manera. Así, el proporcionar experiencias emocionales correctivas produce cambios tanto corporales como psíquicos.

Es preciso subrayar que en todos los casos la reconstrucción de la experiencia no se hace de modo frío y automático, como siguiendo los pasos de un manual, sino siempre en el contexto de una relación (Kurtz, 2008b; Rispoli, 1999). Estas intervenciones pueden tener características rituales: en ellas se ejecuta una secuencia de actividades (movimientos y palabras) posiblemente predeterminadas y que se realizan por su valor simbólico. Los rituales ejecutados con el fin de reconstruir experiencias pueden ser relativamente espontáneos, o estar predeterminados y fundamentados en valores o teorías acerca del desarrollo sexual (Poppeliers y Broesterhuizen, 2007) o por una particular interpretación de la teoría sistémica (Hellinger, 2009). Si, como dice Díaz (1988), los rituales son pensamientos actuados, en algunos casos la actuación se da más en función del pensamiento, el recuerdo o la fantasía del consultante, y en otros es la teoría del terapeuta la que prescribe experiencias ideales.

Entre los psicoanalistas, el término *acting-out* está cargado de múltiples significados y se le asocia a las resistencias, acciones impulsivas o antisociales y sustitución de recuerdos por acciones. Incluso tiene un sentido peyorativo (Sandler, Dare y Holder, 1973). El origen de esta connotación probablemente sea la opinión de Freud (1923), en el sentido de que para que una representación se hiciera consciente se debía ligar a una representación verbal. En otras palabras, hacer consciente algo era igual a hablar de ello. Para Freud, las imágenes y las actuaciones eran formas más primitivas (y, por tanto, menos adecuadas) del surgimiento del material inconsciente.

Pero en toda relación terapéutica, aunque no incluya técnicas activas, ocurre una reconstrucción de la experiencia, en la medida en que permite que los consultantes revivan viejas formas de interactuar (lo que en psicoanálisis se conoce como transferencia) y experimenten con otras maneras de relacionarse, más abiertas, productivas o nutritivas.

En resumen, si algo ha definido a la psicoterapia corporal son los métodos y técnicas que utilizan el movimiento, la postura, la respiración y el contacto físico, pero hay que recordar que cualquier procedimiento, independientemente de la escuela en la que se originó, es sólo uno de los factores de cambio en la psicoterapia, de menor influencia que la relación terapéutica o las variables ajenas al propio proceso terapéutico. Por eso cualquier exposición en torno a las técnicas y métodos de psicoterapia debe incluir los llamados "factores comunes", esto es, aquellas variables que influyen en el resultado de todas las formas de psicoterapia y que no son específicas de una escuela o corriente.

Los factores comunes en la psicoterapia

A partir de la década de 1970 se han realizado múltiples investigaciones que comparaban las diferentes escuelas de psicoterapia. Muchas de ellas estaban diseñadas para probar que un método en particular era el mejor y, consecuentemente, había que descartar los otros. Una y otra vez se comprobó que, en general, no había un método más eficaz que los otros. Más de cuarenta años después, y tras muchas investigaciones realizadas, la conclusión sigue siendo que la psicoterapia funciona, pero no tanto por lo específico de las diferentes escuelas, sino porque en la práctica los terapeutas hacen cosas muy parecidas cuando atienden a sus pacientes (Hubble, Duncan y Miller, 1999/2002). Las diferencias tienen que ver más con el vocabulario especializado de cada escuela (Gendlin, 1996) que con diferencias reales entre los enfoques. Esto llevó a los investigadores a buscar los factores comunes que hacen que la terapia funcione, toda vez que hay numerosos estudios que muestran que, en efecto, funciona (Asay y Lambert, 1999/2002).

En 1992, después de una exhaustiva revisión de la literatura, Michael Lambert llegó a la conclusión de que la mejoría en las personas que acudían a psicoterapia se debía a cuatro factores: los factores extraterapéticos, la relación terapéutica, las técnicas y el efecto placebo o la esperanza (Hubble, Duncan y Miller, 1999/2002).

Los factores extraterapéuticos

Esto se refiere a las habilidades que el consultante posee antes de acudir a terapia, incluyendo su habilidad para buscar y aprovechar el apoyo que recibe de sus redes sociales. Por ejemplo, una persona puede estar fuertemente motivada para cambiar, ser capaz de tener introspección y ser parte de una familia que la acepta y ayuda en momentos difíciles. Muchos de los factores extraterapéuticos se han estudiado a partir del concepto de resiliencia, es decir, de salir adelante a pesar de, o gracias a situaciones de riesgo o aun traumáticas. La resiliencia puede explicar cómo algunos consultantes mejoran independientemente de, o a pesar de, estar en un proceso psicoterapéutico. Lambert estimó que los factores extraterapéuticos explican el 40% de la varianza de los procesos terapéuticos (Hubble, Duncan y Miller, 1999/2002;). De hecho, hay investigaciones que apuntan en la dirección de que los clientes se sanan a sí mismos (Tallman y Bohart, 1999/2002).

La relación terapéutica

Sea cual sea su orientación teórica, la forma en que los terapeutas se relacionan con sus pacientes es responsable del 30% del éxito del tratamiento (Hubble, Duncan y Milner, 1999/2002). Sin embargo, a pesar de lo contundente de esta afirmación, habría que considerar que la interacción que se da en la psicoterapia tiene varias dimensiones y puede analizarse desde diferentes perspectivas teóricas. Al respecto, Rolef Ben Shahar (2011) ofrece una metáfora muy útil: a la psicoterapia se llega como las novias a las bodas: con algo viejo, algo nuevo, algo azul y algo prestado. Me quedo con la analogía, aunque la usaré de modo diferente.

Todo lo que sabemos y hemos experimentado con personas significativas en el pasado puede influir en las nuevas relaciones, y esto implica tanto algo viejo (los juicios de atribución) como algo prestado (la transferencia).[11] También es cierto que cada relación tiene elementos nuevos e irrepetibles. Si, por ejemplo, llega a mi consulta un abogado de treinta y cinco años, que estudió en una universidad privada, de inmediato entrarán en juego mis ideas, recuerdos y prejuicios respecto a las personas que estudiaron derecho, de los hombres de su edad y de los ex

---

[11] En rigor, la transferencia es un tipo de atribución, pero conviene separar los conceptos, que además se originaron en diferentes tradiciones teóricas, para fines de esta exposición.

alumnos de ese tipo de instituciones. Él, por su parte, atribuirá diferentes características a un psicoterapeuta que tiene su consultorio en determinada colonia y que tiene cierta apariencia. En otras palabras, el hecho de que alguien pertenezca o aparente pertenecer a determinadas categorías implica una serie de atribuciones. Por otra parte, puede ser que yo represente una figura paterna para el abogado y que reaccione conmigo como alguna vez reaccionó con su padre (transferencia), al mismo tiempo que él me recuerda a un primo mío y entonces yo deposite en él sentimientos del pasado y reaccione en consecuencia (contratransferencia). Por último, la interacción entre nosotros tendrá características únicas que variarán en diferentes momentos (algo nuevo).

La atribución y la transferencia pueden actuar conjuntamente. En el ámbito de la psicoterapia corporal se cuentan muchas historias de sesiones espectaculares, que parecen haber cambiado la vida de los pacientes. Alexander Lowen reportó que él tuvo experiencias extraordinarias cuando era paciente de Reich, pero luego descubrió que los cambios se debían a la situación: la fuerte personalidad de Reich generaba grandes expectativas y sentimientos transferenciales poderosos; pero los cambios no perduraban. Robert Hilton, uno de los discípulos y pacientes más destacados de Lowen, cuenta a su vez que él tuvo experiencias maravillosas que parecían haber cambiado su vida, pero pasando el tiempo también se dio cuenta de que los cambios no se sostuvieron. Los ejemplos podrían multiplicarse: yo mismo tuve sesiones muy fuertes cuando estaba en terapia con Héctor Kuri, pero no estoy seguro de que los cambios hayan sido permanentes, y lo mismo escuché de compañeros y amigos respecto a su experiencia con John Pierrakos. Es obvio que tanto Reich como Lowen, Pierrakos y Kuri tenían personalidades fuertes que, por un lado, suscitaban fuertes y complejos sentimientos transferenciales y, por otro, contribuían a generar juicios de atribución que influían en las sesiones, más allá de sus notables habilidades técnicas. También es cierto que tuvieron momentos de contacto genuino y profundo con sus pacientes, más allá de la atribución y la transferencia, y que esa relación puede haber afectado a las dos partes.

Por otra parte, existen elementos reales de la relación entre los consultantes y los analistas. Rogers (1962) afirmó que ciertas características del terapeuta eran condición necesaria y suficiente para el crecimiento de las personas que acudían a terapia.

Rogers (1962) propuso que el elemento más significativo del trabajo profesional con otras personas (y no sólo en la psicoterapia) era la calidad de la relación. Para él, una relación que promueva el crecimiento se ve facilitada cuando el consejero es congruente, empático, y aprecia incondicionalmente a las personas con las que trabaja.

Por **congruencia** Rogers (1975: 86-91) quería decir que el crecimiento personal se facilitaba cuando el consejero o terapeuta era él mismo, cuando era auténtico y no se escondía detrás de una fachada, de modo que estaba abierto a los sentimientos y actitudes que fluían en el momento a momento y era capaz de comunicarlos si era apropiado. La **empatía** se refería a la capacidad de entender el mundo privado del cliente como si fuera propio, pero sin perderse en él. En cuanto al **aprecio incondicional**, se trataba de una actitud cálida, aceptante y positiva hacia lo que el cliente era; un tipo de amor equivalente al ágape de los cristianos, es decir, un amor no egocéntrico, sin interés personal alguno.

Recientemente (Kurtz, 2008b: 77) propuso que el terapeuta debe desarrollar un estado mental *(State of Mind)* al que llama presencia amorosa:

> Para ayudar mejor a los otros en su autoestudio, el terapeuta debe sostener tanto la presencia como la compasión. El terapeuta debe mantenerse constantemente enfocado en la actividad presente y la experiencia presente, tanto la suya como la del cliente. Eso es lo que significa presencia. También es esencial un sentimiento de compasión. Cuando la presencia y la compasión se combinan y son constantes, el estado mental del terapeuta puede ser llamado presencia amorosa. Al entrenar a la gente en este método, el desarrollo y la práctica de este estado mental se han convertido en las principales metas. (…) Para que un terapeuta desarrolle este estado mental, él o ella primero deben mirar a los otros como seres vivos y fuentes de inspiración.

Cuando Kurtz se refiere a presencia amorosa o Rogers a aprecio incondicional, hablan de un tipo de amor no egocéntrico, parecido al concepto cristiano de ágape o al budista de amor. Este aprecio o amor no tiene que ver con las necesidades personales del terapeuta, sino con un conjunto de emociones positivas, que pueden describirse en términos de los "pensamientos inconmensurables" del budismo: el amor bondadoso, la compasión, el regocijo o alegría empática y la ecuanimidad o imparcialidad. El amor es, desde esta perspectiva, un deseo de que todos los seres vivos alcancen la felicidad y sus causas; la compasión es el deseo de que los seres sensibles no sufran y que comprendan las causas del sufrimiento; el regocijo es la capacidad de alegrarse con la felicidad de los otros, y la ecuanimidad puede concebirse como la capacidad de no "engancharse" o de permanecer centrado frente a los asuntos de las otras personas (Goleman, 2003).

Desde luego, los terapeutas no son los únicos responsables de la relación. Según Bachelor y Horvath (1999/2002), el compromiso y la colaboración de los pacientes influye en el resultado del proceso.

Finalmente, hay que señalar que la relación terapéutica no se reduce a las características de los participantes. En cada relación se produce algo nuevo y a eso se refiere la perspectiva "relacional" o intersubjetiva. Según esta postura, en el momento en que estamos en un campo relacional, nada es sólo "nuestro"; no hay pensamientos, imágenes, sentimientos o sensaciones que no tengan que ver con el campo relacional. No es asunto de la otra persona; en una relación cargada de afecto, el "nosotros" se vuelve más que tú y yo: se crea un sistema más complejo que cambia a cada momento (Rolef Ben Shahar, 2011).

Las técnicas

Las técnicas, o sea, los procedimientos con los que se espera un cambio en el comportamiento de los consultantes, son el elemento que distingue a una escuela de las otras, de tal suerte que se les da mucha importancia en los programas de formación de terapeutas, pero sólo explican el 15% del éxito de los procesos. La fidelidad que muchos profesionales tienen a las técnicas que aprendieron, independientemente del momento por el que pasa su consultante, o el problema que presente, suele ser contraproducente. No hay técnicas que funcionen *siempre* o para todos los que acuden a consulta. La fascinación con las técnicas hace que, en los primeros momentos de su vida profesional, muchos terapeutas dejen de lado el método (Kurtz, 1990) o los objetivos generales (Rispoli, 2004) dentro de los cuales debe destacar el cuidado de la relación terapéutica. Las técnicas siempre deben fundamentarse en un método, es decir, en un plan general de acción que a la vez se sustenta en principios y conceptos claros.

La esperanza y el efecto placebo

El último factor común, en el que se basa el 15% del éxito, es la creencia, del terapeuta y del consultante, de que la terapia producirá los cambios deseados. Una persona se siente esperanzada si logra verse a sí misma como alguien capaz de iniciar y sostener acciones para llegar a una meta, y si puede ver diferentes caminos para conseguirla. Es por eso que entre un 40% y un 60% de las personas se sienten mejor *antes* de la primera consulta y hasta el 70% de la mejoría percibida ocurre en las primeras fases de los procesos terapéuticos (Snyder *et al.*, 1999). El solo hecho de tomar la decisión de entrar en un proceso de psicoterapia es suficiente para que la persona sienta que hace algo por su bienestar.

Los factores comunes y los resultados de psicoterapia corporal

Haría falta mucha investigación en torno a la relación entre los factores comunes y la psicoterapia corporal (Ortiz, 2007b). Se podría estudiar, por ejemplo, si el compromiso y la motivación que los consultantes ponen al someterse a las prácticas más "rudas" de la psicoterapia corporal influyen más en el resultado que las técnicas en sí, cuáles son las particularidades de la relación terapéutica cuando esta incluye el contacto físico, o el "aura" que muchos métodos y técnicas tienen, al grado de que fomentan el efecto placebo o la esperanza, sobre todo si los profesionales y sus consultantes por igual creen en ellos.

El conocimiento de los factores comunes puede contribuir a la investigación en torno a los resultados en psicoterapia corporal. Por un lado, si las técnicas contribuyen sólo a 15% de la varianza, los programas de formación deberían poner mas énfasis en lo general (la relación, el efecto placebo y los factores extraterapéuticos) y no tanto en lo que es específico de cada escuela. También habría que investigar si los factores comunes varían en función de ciertas características específicas de la psicoterapia corporal. Por ejemplo, ¿hay diferencias entre las personas que buscan un proceso de psicoterapia corporal y las que buscan otras corrientes, o ninguna en específico? ¿Es posible que quienes buscan este tipo de tratamiento sean más o menos resilientes, cuenten con más o menos redes de apoyo, etc.? En cuanto a la relación terapéutica ¿de qué manera influye en la relación el hecho de que el psicoterapeuta preste atención a la comunicación no verbal, prescriba movimientos o toque a sus pacientes? Por último, ¿una psicoterapia en la que se pide a los consultantes que hagan cosas poco usuales, suscita mayor esperanza? Estas son sólo algunas de las preguntas que podrían hacerse.

La investigación en torno a los resultados

No existe mucha investigación en torno a los resultados de las diferentes modalidades de psicoterapia corporal. May (2005) reseñó los resultados de las investigaciones publicadas en inglés, encontrando que muchos de los estudios no llenarían los criterios de las revistas con arbitraje y que muchos de ellos estaban publicados en revistas de poca difusión o tesis. Encontró seis estudios retrospectivos, nueve de eficacia y dieciocho de efectividad.

Una de las investigaciones más ambiciosas, realizada por un grupo de psicoterapeutas alemanes y suizos (Koemeda-Lutz *et al.*, 2005), encontró que después de seis meses los pacientes (N=78) en tratamiento en diferentes modalidades de psicoterapia corporal mejoraron significativamente respecto a los resultados del Inventario de Ansiedad de Beck, el Inventario de Depresión de Beck, El Symptom Check-List-90-r y el Inventario de Problemas Interpersonales.

Es deseable que se emprendan más y mejores investigaciones respecto a la eficacia y la eficiencia de las diferentes modalidades de psicoterapia corporal, realizadas con los instrumentos utilizados para otras corrientes terapéuticas. Sin embargo, también hay que recordar que la psicoterapia corporal insiste –desde los tiempos de Reich y Elsa Gindler– en que debe haber cambios observables en el cuerpo de los consultantes, por lo que las investigaciones deben medir cambios no sólo mediante pruebas psicológicas, sino instrumentos que permitan observar los cambios que suceden en el cuerpo de manera más objetiva.

Para ello habría que recurrir a lo que han escrito tanto autores clásicos como contemporáneos respecto a los resultados de la psicoterapia corporal. Reich (1948, 1949), por ejemplo, afirmó que un análisis exitoso lograría que los rasgos de carácter no restringieran la libertad de movimiento y, por consiguiente, la capacidad de trabajo y satisfacción sexual; más tarde, sostuvo que uno de los criterios de éxito en la psicoterapia sería que la persona tuviera una expiración completa, seguida de una pausa, con un tórax que pulsara libremente y que hubiera una sensación placentera en el cuerpo, incluidos los genitales, después de cada expiración. Aparentemente, mejorar la respiración u otras funciones corporales no debería ser objetivo de la psicoterapia, pero hay que recordar que el mismo Reich afirmó que no hay neurótico que no tenga alteraciones respiratorias.

Sería interesante que al menos algunas evaluaciones de los resultados de la psicoterapia corporal incluyeran mediciones de variables como la respiración, el tono muscular, la postura o la expresión facial, al mismo tiempo que de funciones tradicionalmente consideradas como psicológicas, como la realizada por Di Nuovo y Rispoli (2000). Por otra parte, muchas personas van a psicoterapia más en busca de un proceso de acompañamiento, o de resignificar eventos importantes en su vida. En estos casos, intentar evaluar resultados en términos de variables concretas no es fácil.

En conclusión, es necesario llevar a cabo más y mejor investigación en psicoterapia corporal, en torno a las particularidades que sus procedimientos implican para los factores comunes, respecto a su eficacia y eficiencia y en relación con los resultados específicos que puedan presentarse en el cuerpo de los consultantes.

CAPÍTULO 5

LA FORMACIÓN DE PSICOTERAPEUTAS CORPORALES

La formación de terapeutas

La historia de la psicoterapia corporal hace que la mayoría de los programas de formación tengan características particulares, diferentes de los de otras orientaciones.

Como se vio en los capítulos anteriores, se trata de una corriente que agrupa diversas escuelas, cuya dispersión ha dificultado el consenso en cuanto a la teoría y a la práctica. Al mismo tiempo, el hecho de que muchas modalidades se enseñaran de forma artesanal, en torno al maestro fundador, hizo que no se contara con planes o programas de estudio, o, de haberlos, que no se siguieran.

Por último, el énfasis en la práctica de la experiencia corporal provocó que las instituciones de enseñanza superior, tradicionalmente sesgadas a favor del intelecto y desconfiadas de las emociones y el cuerpo, vieran con desdén o temor a una corriente que se centraba en aquello que no estaba dentro de los objetos aceptados de conocimiento.

En las escuelas de formación se han presentado diversas polaridades, que bien podrían considerarse un proceso. Así, muchos programas de formación estuvieron en principio centrados en el fundador de la escuela, que enseñaba de manera práctica en sesiones intensivas; de esta manera, poco a poco se fundaron escuelas, la enseñanza se delimitó y organizó en diversas materias y prácticas y se fomentó la reflexión teórica. Cada una de estas polaridades merece un tratamiento separado.

De los grandes maestros a las escuelas

Durante mucho tiempo las formaciones de psicoterapeutas se organizaron alrededor de un gran maestro, padre o madre fundador(a) que era a
la vez terapeuta, maestro y líder de la escuela que fundó. Los testimonios
de algunos discípulos de Lowen (Hilton, 2012; Lewis, 2007) dan cuenta de
complejidad de esas relaciones y de cómo no se analizaban en todas sus
implicaciones, particularmente respecto a la idealización sectaria de un
método o perspectiva.

Aunque la tendencia actual es que surjan escuelas sin una figura central, toda vez que varios de los grandes maestros han muerto o están
retirados, de vez en cuando todavía surge un terapeuta excepcional a
quien todos quieren acudir y de quien quieren aprender. Tal vez sea un
innovador, o haya logrado una síntesis única de los métodos y técnicas
ya existentes. Sin duda se trata de un líder en el sentido de Le Bon (1895),
es decir, una persona carismática, hipnotizada por una idea, capaz de
comunicarla con tal entusiasmo que contagia a sus seguidores.

La gente acude a los grupos conducidos por estos grandes maestros,
con la esperanza de que una sesión con ellos los cambie para siempre, y con
la expectativa de verlos trabajar y aprender de ellos por imitación o como
por ósmosis. Verlos trabajar puede ser un privilegio, pero muchos de
ellos son intuitivos, así que no pueden sistematizar o explicar lo que
hacen, o lo explican en términos de una teoría que ellos mismos crearon.
En estos casos, sus alumnos pueden convertirse en copias al carbón, cada
vez más diluidas, de ellos. Otros los siguen durante mucho tiempo y
finalmente, como antiguos aprendices de un oficio, logran que su trabajo sea tan bueno o aún mejor que el de sus mentores. Este aprendizaje
artesanal es azaroso, ya que los grandes terapeutas no siempre son buenos
maestros. Si bien su atractivo personal capta la atención de sus discípulos, esto no es suficiente para que aprendan a hacer lo que ellos hacen
como ellos lo hacen. Muchas veces no hay programas de estudio ni estructura alguna. En el mejor de los casos, el maestro transmite la enseñanza y el alumno la adquiere bajo su supervisión, pero eso requiere de
un largo periodo de aprendizaje. Las cosas no suelen suceder de esta
manera, ya que muchos de estos grandes maestros sólo pasaban unos
cuantos días al año con cada grupo de aprendices y estos no tenían tiempo más que de deslumbrarse con su habilidad y luego tratar de imitarlos

torpemente.[1] Sin menospreciar las dotes extraordinarias de los grandes terapeutas, hay que considerar el peso de las desmesuradas expectativas que despertaban en el cambio que producían en sus demostraciones. Tarde o temprano los discípulos se daban cuenta de que el maestro era inimitable. Robert Lewis (2007), quien fue paciente y alumno de Alexander Lowen, lo dijo muy bien: "Lowen, siendo el creador del Análisis Bioenergético, era el único que lo practicaba. Era su verdad".

En muchas ocasiones las demostraciones eran algo que el terapeuta famoso *le hacía* a los participantes (es decir, desplegaba su talento técnico con los participantes del grupo, provocando todo tipo de efectos espectaculares), en lugar de hacer algo *con* ellos. En mi experiencia ese fue el caso de dos de mis maestros: Héctor Kuri y John Pierrakos. Por supuesto, algunos creadores de escuelas fueron capaces de describir y enseñar su método y técnicas más allá de demostraciones espectaculares.

Uno de los riesgos de esta situación es, desde luego, el fomento y mantenimiento de relaciones narcisistas. Algunos aprendices idealizan a sus mentores pensando, por ejemplo, que estudian con el mejor maestro y eso los hace "especiales" (Kohut, 1971) ante ese maestro, al tiempo que este último realiza sus fantasías grandiosas de tener admiradores incondicionales que contribuyen a afirmar sus sentimientos de omnipotencia. Este tipo de situaciones no suele analizarse cabalmente.

Al paso del tiempo, algunos grandes maestros, o sus discípulos, fundaron escuelas estructuradas, en las que había un método para enseñar la teoría y la práctica de una nueva forma de hacer psicoterapia. Actualmente, la era de los grandes maestros está pasando y los programas de formación suelen situarse en algún lugar intermedio del continuo entre las enseñanzas de los grandes creadores y las escuelas estructuradas. Sin embargo, algunas escuelas siguen girando alrededor de un maestro o maestra que es también psicoterapeuta y supervisor de la mayoría de los estudiantes, no porque se trate del creador de una nueva escuela, sino por las frecuentes escisiones dentro de las escuelas establecidas. Idealmente, psicoterapeutas, supervisores y maestros deberían ser diferentes personas, pero, dado el desarrollo de algunas escuelas y programas de entrenamiento (Young, 2008), en algunas localidades, una sola persona puede desempeñar dos o más roles.

---

[1] Ese fue mi caso, y creo que es muy frecuente.

En las últimas dos décadas algunas universidades privadas de Estados Unidos han ofrecido programas de formación en psicoterapia corporal. De seguir esa tendencia, los entrenamientos pueden tener menos prácticas vivenciales y más rigor científico, y es posible que muchas de las teorías y métodos no se sostengan al ser investigadas empíricamente (Young y Westland, 2014).

Escuelas de "marca registrada" o escuelas genéricas

Este punto está íntimamente relacionado con el anterior. Muchos grandes fundadores del pasado, como muchos formadores actuales, crearon escuelas que llevan ahora su nombre e incluso son marcas registradas, por ejemplo, el *Rubenfeld Synergy Method* (Rubenfeld, 1997) y el *Braddock Body Process* (Braddock, 1997). En Europa y Estados Unidos, suelen predominar los institutos que imparten modalidades específicas, en tanto que los programas de maestría y doctorado que ofrecen ciertas universidades estadounidenses son genéricos. Llama la atención que algunos creadores de escuelas, que en un momento hicieron una síntesis teórica y práctica de diferentes métodos, una vez que su escuela está establecida descalifican las otras modalidades; de este modo, los estudiantes tienen la oportunidad de aprender una modalidad a fondo, pero desconocen la literatura, los métodos y las técnicas de otras escuelas, y, más aún, no tienen un panorama general del campo. Las escuelas genéricas, en cambio, suelen estar más abiertas a diferentes modalidades.

Las experiencias intensivas y el formato escolarizado

Son dos las razones por las que muchos programas de formación en psicoterapia corporal se imparten en un formato de experiencias intensivas, en las que los participantes se reúnen varios días seguidos, trabajan seis o más horas diarias y muchas veces fuera de las ciudades.

La primera de ellas es histórica. La psicoterapia corporal se popularizó en el contexto del movimiento de los grupos de encuentro, en donde se reunían personas extrañas entre sí para tener una especie de retiro catártico de crecimiento personal. Los resultados de estas sesiones eran muchas veces espectaculares. Los participantes compartían sus secretos y sus emociones y, al final, se sentían muy cercanos a sus compañeros de aventura. Se afirmaba que una experiencia de este tipo era equivalente a, o mejor que, muchos años de psicoterapia. En estos grupos, las reglas de la interacción social cotidiana se revertían: el tacto dejaba su lugar a la franqueza, la expresión a las buenas maneras, se fomentaba la expresión no verbal en lugar del lenguaje y la vivencia del aquí y el ahora sustituía a la responsabilidad y el compromiso a largo plazo. Estas características llevaron a Back (1972) a afirmar que las experiencias intensivas que se daban en el movimiento del potencial humano se parecían a los retiros religiosos y a las vacaciones organizadas al estilo del *Club Mediterraneé*. En su momento, los grupos de encuentro se sobrevaluaron al grado que Rogers (1970) afirmó que eran "la invención social del siglo".

La segunda razón para que una formación en psicoterapia corporal se dé en el formato intensivo es práctica y ocurre cuando un grupo de personas se organizan para que un terapeuta de otra localidad viaje dos o tres veces al año para enseñarles, o bien, para ellos acudir a la ciudad en la que el maestro trabaja. El psicoterapeuta itinerante suele venir precedido de su fama, por lo que aprender de él genera expectativas y, como ya mencionamos, los participantes pueden verlo como un gran maestro o gurú e idealizarlo. Así, se crea una atmósfera especial, lo cual sin duda influye en lo que sucede (Snyder, Michael y Cheavens, 1999).

Las experiencias intensivas de grupo se utilizaron, y se siguen utilizando, tanto con fines de crecimiento personal como con fines de formación. En ambos casos, sus espectaculares efectos suelen diluirse con el tiempo: lo vivido y aprendido en un lugar apartado y creado especialmente para este tipo de retiros, bajo la tutela de un maestro reconocido y experimentado, que trabaja con un grupo de personas altamente motivadas (Johanson, 1986) y dispuestas a hacer cualquier cosa, no siempre puede aplicarse en un consultorio cuando la gente llega sólo para resolver problemas concretos.

Otra dificultad que suele presentarse se relaciona con el proceso del grupo. Los terapeutas formadores son expertos en su método, pero eso no quiere decir que sepan trabajar con grupos en los que se presentan situaciones de celos, competencia, envidia, atracción sexual, exclusión, entre otras. En muchas ocasiones estos problemas no se elaboran de manera adecuada. Esto no quiere decir que necesariamente se deberían resolver todas las situaciones que surgen en el grupo, sino que entre las expectativas poco realistas de muchos participantes está el que ahí se resolverá cualquier conflicto, o bien que ni si siquiera se presentará, lo cual coincide con la omnipotencia de algunos maestros que no hacen un encuadre claro y realista. En todo caso, es necesario que las experiencias intensivas de grupo se apoyen o complementen con un seguimiento.

La práctica y la reflexión teórica

Como se vio antes, los psicoterapeutas corporales indican movimientos, formas de respirar, posturas y gestos a sus consultantes. Estos procedimientos no pueden aprenderse leyendo libros, de modo que buena parte de los programas de formación consiste en practicar las técnicas características de cada modalidad. Esto tiene dos propósitos: por un lado, aprender mediante la práctica; por otro, propiciar el "crecimiento personal" del futuro psicoterapeuta, es decir, la consciencia de su propio cuerpo, el conocimiento y manejo de su problemática, etc. El énfasis en la experiencia es coherente con una de las premisas fundamentales de esta corriente, la de que no puede haber un cambio sin que este implique al cuerpo.

De hecho, no es posible formarse como psicoterapeuta sin practicar. Puesto que aprendemos esta profesión exponiéndonos a varias modalidades o corrientes de psicoterapia y esto implica participar en prácticas supervisadas, cometer errores, identificarlos y corregirlos y adquirir tantas habilidades como sea posible, aprender a ser psicoterapeutas se parece más a aprender un oficio que una ciencia (Young y Heller, 2000).

Por desgracia, en muchas ocasiones en la práctica el énfasis que se pone va en detrimento de la lectura, la reflexión y la teorización. Como participante en cuatro diferentes programas de formación y como supervisor he sido testigo de que en diferentes formaciones, muchos estudiantes no conocen siquiera los textos básicos de la modalidad en la que se están formando. Así la principal aportación de la psicoterapia corporal se convierte en su mayor debilidad. No se trata de restarle importancia al aprendizaje vivencial. La experiencia debe tener primacía en la formación de quienes trabajan con otras personas, especialmente cuando el trabajo tiene que ver con el cuerpo (Joly, 2008). De hecho, muchos de los conceptos básicos de la psicoterapia corporal no se pueden aprehender si no es por medio de la experiencia. Pero no todos los facilitadores son capaces de transmitir los conocimientos teóricos básicos en un taller y muchos estudiantes no pueden asimilarlos cuando están inmersos en sus propias reacciones emocionales, sobre todo si son muy intensas, como es el caso de las escuelas que fomentan la catarsis.

El hecho de que la psicoterapia corporal se haya dado a conocer en el contexto del movimiento del potencial humano mediante experiencias intensivas de grupo también contribuyó a una especie de aversión a todo tipo de teorización. Por ejemplo, Kahn Ladas (2008) relata que el doctor John Bellis, que enseñaba psiquiatría en la Universidad de Yale, fue obligado a renunciar como director de formación en Análisis Bioenergético porque quería incluir requisitos académicos, como publicar artículos de investigación, para que los estudiantes pudieran ser psicoterapeutas certificados en esa modalidad ya que en esos tiempos, el pensamiento no se valoraba como el sentir. Desde luego, esto no era exclusivo del Análisis Bioenergético. Young y Westland (2014a), por ejemplo, afirman que durante su entrenamiento como psicoterapeutas corporales a finales de la década de 1970 y principios de la siguiente, no les pidieron trabajos escritos. La consigna era "sentir y no pensar". Esta tendencia aún se ve reflejada en los programas de formación, al menos en México, y en algunos congresos internacionales. Parecería que muchos psicoterapeutas corporales se quedaron estancados en los años 1960, cuando la psicoterapia corporal era reconocida por el movimiento humanista, que parecía oponerse a cualquier forma de prueba científica o, incluso, a cualquier actividad que sonara "intelectual" (Young, 2010). En muchos casos se destaca la expresión emocional y la actividad física, y se desestima toda comunicación que parezca intelectual.

Muchas veces he escuchado que, para muchos terapeutas, el "trabajo" se da cuando los participantes se mueven, brincan, golpean, gritan y respiran agitadamente, mientras que cuando hablan "están en la cabeza". En el contexto de las experiencias intensivas ya mencionadas, en las que la enseñanza teórica –si es que la había– se confundía con las demostraciones y el proceso del grupo, toda pregunta dirigida a aclarar cualquier aspecto teórico podía ser interpretada, pero no siempre respondida. En algunos grupos, se permite cualquier forma de expresión emocional o autorrevelación, pero se critican los intentos de conocer la teoría que subyace a la práctica. Esto, reitero, ha provocado que muchos terapeutas no conozcan ni los textos más elementales de la escuela en la que se formaron y que esto ni siquiera les preocupe. Su deseo es aprender más y más técnicas, independientemente del contexto teórico y metodológico en el que se basen. El ambiente antiintelectual (Ruitenbeek, 1970), residuo de los grupos de encuentro de hace cuarenta años, es tal que en algunos congresos hay poco o ningún espacio para presentaciones teóricas y cuando las hay, no tienen tanta demanda como los talleres. Es hasta cierto punto natural que, como dice Heller (2001), "en nuestro campo los talleres sean el equivalente de lo que, en otros campos de conocimiento, son los artículos especializados", pero en muchas ocasiones he sido testigo de que algunas personas se impacientan, aun en situaciones de seminarios o paneles de congresos, es decir, en los pocos espacios que hay para la reflexión y la discusión, porque no hay experiencias prácticas. La devaluación de la teoría, la investigación y la reflexión tienen su contrapartida en intentos como el premio a la investigación que otorga la USABP y los requisitos que la EABP establece para considerar que alguna modalidad de psicoterapia corporal es válida científicamente. Es de desear que este tipo de esfuerzos alcancen mayor difusión y se les otorgue la debida importancia en las escuelas de formación.

Estandarización en la formación de terapeutas

En la actualidad, los programas de formación en psicoterapia son muy variables, en tiempo, en formato y, desde luego, en contenido. Los programas de las tres diferentes escuelas más reconocidas que imparten una formación básica en México contemplan entre 550 y 700 horas de actividades, incluyendo las horas de un proceso de psicoterapia individual que debe tomar el estudiante. Algunas tienen o buscan acreditación por medio de la SEP o alguna institución extranjera, en tanto que otras no tienen más reconocimiento que el desempeño profesional de sus egresados. Por supuesto, hay otras escuelas que ofrecen diplomados o especializaciones con muchas menos horas. En contraste, la EABP requiere que sus miembros completen como mínimo 600 horas de entrenamiento profesional en psicoterapia, 150 horas de psicoterapia individual, 100 horas de supervisión y 600 horas de práctica profesional (Young, 2008). Estas normas fueron aprobadas después de mucha discusión entre los líderes de las diversas escuelas.

CAPÍTULO 6

LA PSICOTERAPIA
CORPORAL EN MÉXICO

Pioneros y escuelas

Queda por escribir una historia de la psicoterapia corporal en México. Los datos de los que dispongo son parciales y anecdóticos (Ortiz, 1998). Existen relaciones informales entre los que practican y enseñan psicoterapia corporal, pero no hay una asociación que vaya más allá de los intereses de los individuos, grupos o escuelas. Así y todo, habría que mencionar que la psicoterapia corporal se empezó a difundir en México en la década de 1970 con la labor de Héctor Kuri, Rafael Estrada Villa, Roberto Navarro y José Agustín Ramírez.

Kuri (comunicación personal, 1993) estudió la licenciatura en psicología en la Universidad Iberoamericana y el doctorado en la UNAM. Según Kuri, el primer analista bioenergético que vino a México, a invitación suya, fue Stanley Keleman. Posteriormente organizó talleres intensivos con Bob Zimmerman, John Pierrakos y Alexander Lowen. Kuri empezó su entrenamiento en el Instituto de Análisis Bionenergético en Nueva York a mediados de la década de 1970, siendo alumno de Alexander Lowen y John Pierrakos. Concluida su formación, empezó a formar psicoterapeutas en 1977, tanto en la Ciudad de México como en Guadalajara y Ensenada.

Otro pionero de la psicoterapia corporal en México fue Rafael Estrada Villa, médico homeópata y psiquiatra. Su militancia en el partido comunista lo llevó a la lectura de la obra política de Reich. Luego de un periodo en la cárcel como preso político en 1968, cambió la actividad partidaria por la psicoterapia. En 1970, él y su esposa Marie France fundaron el Instituto Wilhelm Reich, que empezó a formar psicoterapeutas poco después. Algunos de los terapeutas que trabajaron en el Instituto son Stanley Keleman, Gerda Boyensen, Eva Reich (hija de Wilhelm Reich), Chuck Kelly y Alexander Lowen (Estrada, P., 1993, comunicación personal).

José Agustín Ramírez fue alumno de Carl Rogers en Chicago, donde obtuvo su doctorado en psicología. Aprendió psicodrama con Jacobo Leví Moreno (Ramírez, 1985). Posteriormente estudió Análisis Bioenergético, Core energética e Integración Postural (Ortiz, 199ᶜ, Ramírez, 1995). Formó psicoterapeutas corporales en Guadalajara.

Roberto Navarro Arias estudió la licenciatura en filosofía y posteriormente maestría y doctorado en psicología en la Universidad de Saint Louis, Missouri. Confiesa que ha estudiado, y estudia, mucho, pero se considera un intuitivo disfrazado de intelectual (Navarro, R., comunicación personal, 9 de octubre de 2008). De esta manera creó su propia versión de psicoterapia corporal, la Psicoenergética, modalidad que ha enseñado en numerosos cursos y talleres en diversas universidades e institutos de México. Prolífico autor, ha publicado numerosos artículos especializados y de divulgación y más de 10 libros entre los que destacan: *Psicoenergética* (1984), *Las emociones en el cuerpo* (1999a), *Psicoterapia corporal y Psicoenergética* (1999b) y *Psicoenergética*: *Método de Psicoterapia corporal para integrar las emociones y el cuerpo* (2007) segunda edición, actualizada, del libro de 1984.

Una segunda generación de formadores, algunos de los cuales fueron discípulos de estos pioneros, entre los que están Blanca Rosa Añorve, Ilse Kretzchmar, Fernando Ortiz, José Luis Paoli y Rosa María Sevilla, empezó a formar terapeutas en la década de 1990.[1] Si todos estos pioneros (Estrada, Kuri, Ramírez, Roberto Navarro) fueron psicólogos o médicos, sus discípulos venían de las más diversas formaciones. Cuando ellos a su vez comenzaron a formar terapeutas, en México empezaban a proliferar los diplomados y cursos de Desarrollo Humano, inspirados, al menos en parte, en la maestría del mismo nombre creada por la Uni-

---

[1] Esta lista es necesariamente incompleta y sólo se incluye a quienes, en mi conocimiento, iniciaron programas de formación antes de 1990. Desde entonces los programas se han multiplicado. El hacer una lista de los programas que se ofrecen en la actualidad, o mencionar a todas las personas que colaboran en ellos iría más allá de los objetivos de este trabajo. De antemano pido disculpas por cualquier omisión.

versidad Iberoamericana en 1973. Muchas egresadas de estos institutos se formaron como psicoterapeutas corporales y de otras orientaciones en institutos que no incluían como requisito para ingresar el tener licenciatura en psicología (Ortiz, 1998). Esto hace que la experiencia de formación difiera de la reportada por Godfried (2001), quien recopiló testimonios de psicoterapeutas estadounidenses: todos tenían estudios previos de psiquiatría o psicología.

Modalidades de psicoterapia corporal en México: los terapeutas extranjeros

Después de cursar una formación básica, los psicoterapeutas interesados en continuar estudiando aprendieron modalidades específicas con maestros extranjeros, entre los que destacan Jack Painter (Integración Postural), John Pierrakos (Core energética), Luciano Rispoli (Psicología Funcional), Wilem Poppeliers (Arraigo Sexual), Ron Kurtz (Método Hakomi) y Bjorn Blumenthal y Xavier Serrano (Vegetoterapia Caracteroanalítica).[2] Hay que destacar que Pierrakos y Kurtz recibieron el *Lifetime Achievement Award* (premio por los logros de toda su vida) de la USAPB y tanto Blumenthal como Rispoli han sido distinguidos con la membresía honoraria vitalicia por la EABP, en reconocimiento a sus contribuciones a la psicoterapia corporal europea (Joachim, 2007).

La Integración Postural de Painter (1987) tiene como objetivo liberar las tensiones emocionales y físicas con un masaje profundo, inspirado en el *Rolfing*. Se trabaja directamente sobre los músculos y fascias (los tejidos que cubren y organizan los músculos) para disolver las tensiones crónicas, a la vez que se emplean técnicas reichianas y gestálticas para propiciar la expresión emocional y la consciencia. En 1976 un grupo de mexicanos fue a San Francisco a tomar un curso con Painter (Estrada, 1987). Poco después él y sus alumnos empezaron a formar integradores posturales en México.[3]

---

[2] Blumenthal fue alumno de Ola Raknes, el decano de los discípulos de Reich en Europa. Serrano, autor de numerosos artículos y libros especializados, dirige la Escuela Española de Terapia Reichiana.

[3] En el momento de escribir estas líneas, Pierrakos, Painter y Kurtz habían muerto,

John Pierrakos estuvo asociado a Lowen por un lapso de veinte años, durante los cuales crearon y consolidaron el Análisis Bioenergético. En 1972, Pierrakos siguió su propio camino, buscando una forma de trabajo que incluyera la dimensión espiritual y creó la Core energética (Pierrakos, 1987, Lowen, 2004). Aunque, como se vio antes, había dirigido algunos talleres en México, no fue sino hasta 1989 que dirigió un programa de formación en este país. Pierrakos murió en 2001, pero sus discípulos y colaboradores siguen formando psicoterapeutas inspirados en la Core energética.

La Terapia de Arraigo Sexual se basa en el psicoanálisis freudiano, el Análisis del Carácter de Wilhelm Reich, el Análisis Bioenergético Lowen y las ideas de Fritz Perls, creador de la terapia Gestalt (Poppeliers y Broesterhuizen, 2007). El propio Poppeliers ha formado psicoterapeutas en esta modalidad a partir de 1997.

Luciano Rispoli empezó formándose con los seguidores de Reich en Europa. Movilizaba las partes tensas o bloqueadas del cuerpo para que la energía fluyera y se expresara en forma de emociones y movimientos espontáneos, pero al hacerlo frecuentemente sucedían cosas en otras partes del cuerpo y no sólo se propiciaba la expresión emocional, sino que se activaban diferentes funciones del organismo, como pensamientos, recuerdos, imaginación o respuestas fisiológicas. Por eso Rispoli empezó a hablar de movilizar funciones tanto corporales (como la tensión muscular, la respiración o la voz) como psicológicas (como los pensamientos, los recuerdos o las emociones). Poco a poco incorporó el funcionalismo a la práctica y teoría de la psicoterapia corporal, creando la Psicoterapia Funcional del Sí. Es autor de más de diez libros, entre los que destacan *Psicología Funzionale del Sé* (1993) y *Experienze di Base e Svilupo del Sé* (2004). Ha dirigido entrenamientos en México a partir de 1998.

El Método Hakomi, creado por Ron Kurtz a mediados de la década de 1970, se basa en principios budistas y taoístas como la compasión, la no-violencia y el cultivo de la consciencia plena *(mindfulness)* y ha tomado conceptos y técnicas de Reich, la Bioenergética, el Método Boyden, el Método Feldenkrais, la Programación Neurolingüística y la Hipnosis

---

pero sus discípulos mexicanos y/o alumnos extranjeros continuaban formando terapeutas en México. Nombrar a todos ellos iría más allá del propósito de este trabajo.

Eriksoniana (Kurtz, 1990, 2008b; Johanson y Kurtz, 1991). En México se están formando especialistas en este Método a partir de 1999.

La mayoría de las modalidades de psicoterapia corporal pueden trazar sus orígenes a la Vegetoterapia Caracteroanalítica, creada por Reich en la década de 1930, aunque eso no siempre se reconoce. El nombre de esta modalidad deriva del trabajo de análisis del carácter (de ahí caractero-analítica) que Reich realizó en la década anterior, y del hecho de que él pretendía trabajar con las funciones del sistema nervioso vegetativo. Su objetivo es lograr un funcionamiento energético satisfactorio en la vida cotidiana (Blumenthal, 2001), al localizar las tensiones musculares carac-terísticas del paciente y hacer que las sienta en su propio cuerpo, para después disolverlas por medio de la abreacción y liberar la función res-piratoria, lo cual producirá sensaciones corporales y movimientos espon-táneos en el cuerpo (Serrano, 2007). Primero Blumenthal, en 2006, y luego Serrano, a partir de 2008, empezaron a formar vegetoterapeutas en México.

Instituciones de educación superior y congresos

En general, las instituciones de educación superior no han participado en la formación de psicoterapeutas corporales o en la difusión de esta corriente, salvo mediante conferencias o presentaciones aisladas. Una excepción fue el Instituto de Estudios Superiores de Occidente (ITESO) que jugó un papel importante al celebrar, año con año, semanas de psi-cología a las que acudían participantes de toda la república y en las que se impartían talleres prácticos, entre ellos muchos que demostraban dife-rentes modalidades de psicoterapia corporal (Ortiz, 1998a). Más recien-temente, en 1990, la Universidad Intercontinental abrió un diplomado en Terapia Psicocorporal que se siguió ofreciendo hasta 1994. Esa misma institución ofreció una especialidad en 1991 y una maestría, en 1994 (Oblitas, 1993)[4] y publicó, en la *Revista Intercontinental de Psicología y Educación*, un número monográfico sobre el tema (Oblitas y Ortiz, 1992).

---

[4] En ese entonces los términos psicoterapia corporal y terapia psicocorporal se usaban indistintamente, pero tanto la especialidad como la maestría pretendían formar psicoterapeutas, es decir, profesionales que se ocuparan de lo psicológico.

La escasa presencia de la psicoterapia corporal en las instituciones de enseñanza superior tiene que ver con el hecho de que los grupos de poder enquistados en las escuelas y facultades de psicología, suelen ser seguidores devotos de las corrientes establecidas y no toleran desviaciones a sus dogmas. Por otra parte, en muchas universidades se ha otorgado gran importancia a enseñar métodos y técnicas que han demostrado su eficacia por medio de la investigación.[5] Por último, las burocracias universitarias generan tal cantidad de trámites engorrosos para aprobar estudios de especialización, que la mayoría de los programas de formación en psicoterapia y la difusión de nuevas corrientes –y no sólo la que nos ocupa– se han desarrollado de forma independiente. En el caso de la psicoterapia corporal, el énfasis en la práctica, la experiencia personal y la expresión emocional, y la situación de las publicaciones, ya comentado, sin duda ha contribuido a que, hasta hace poco, no se enseñe en las universidades.

El número creciente de publicaciones y congresos y la labor de las asociaciones internacionales sin duda contribuyó a que, al momento de escribir estas líneas, tres universidades de Estados Unidos (http://www.gradschools.com/search/United-States/Somatic-Psychology/416.html, consultada el 20 de noviembre de 2008) ofrecieran estudios de posgrado en Psicología Somática: *Naropa University* y *John F. Kennedy University* tienen programas de maestría y el *Santa Barbara Graduate Institute*, estudios de maestría y doctorado. En los tres casos las instituciones han preferido *Somatic Psychology* que *Body Psychotherapy*, con el propósito de que los programas no sólo se refieran a la práctica de la psicoterapia.[6]

La formación y difusión de la psicoterapia corporal en México han sido marcadas por la celebración de dos Congresos del Comité Científico Internacional de Psicoterapia Corporal, ambos en Oaxtepec, Morelos. El primero, realizado en 1987 y presidido por el doctor Rafael Estrada Villa, dio a conocer la psicoterapia corporal a un público más amplio e hizo que muchas personas tuvieran oportunidad de tomar talleres con psicoterapeutas de la talla de John Pierrakos, Federico Navarro

---

[5] Sin duda, esta es una tendencia muy saludable, pero se corre el riesgo de descartar modalidades terapéuticas cuyos seguidores no tienen recursos para investigar.

[6] Como ya se mencionó, la formación de psicoterapeutas corporales en instituciones de enseñanza superior tiene ventajas y riesgos.

y Luciano Rispoli. El entusiasmo generado por este evento contribuyó decisivamente para que, dos años después, iniciara un programa de formación en Core energética dirigido por su creador, John Pierrakos, y coordinado por Ilse Kretchmar. El cuarto congreso del citado comité se realizó en 1999, presidido por Patricia Estrada. A partir de él se organizaron o consolidaron programas de formación en Psicoterapia Funcional (Rispoli, 1993) y en el Método Hakomi (Kurtz, 1990). A ambos, y en especial al último, en su primera generación, acudieron personas que ya se habían formado en Core energética.

Como se comentó, el énfasis de los congresos se puso en los talleres prácticos y desafortunadamente no se publicaron memorias de los paneles.[7] Esto se debe a que los expositores no siempre llevaban ponencias escritas, a que los congresos no reciben financiamiento exterior y los organizadores no contaron con el respaldo de instituciones que pudieran costear la edición de las memorias.

Patricia Estrada, quien, además de presidir el Cuarto Congreso, participó activamente en la organización del primero, presidido por su padre el doctor Estrada Villa, ha seguido organizando eventos con objeto de difundir y profesionalizar la psicoterapia corporal. Entre ellos destaca el Foro de Ética, realizado en colaboración con la Facultad de Psicología de la UNAM, al que convocó representantes de más de treinta escuelas e institutos de formación en diversas modalidades de psicoterapia corporal.

En Europa y Estados Unidos, a pesar de la dispersión de las escuelas, se formaron asociaciones que han establecido estándares generales de formación y cada vez más escuelas reconocidas internacionalmente tienen requisitos específicos para la acreditación. En la medida en que los programas de formación cumplan con requisitos formales de acreditación y que los psicoterapeutas mexicanos y extranjeros los cubran, se fomentará mayor profesionalismo en el gremio y será más fácil distinguir a las escuelas improvisadas. Más aún, ante la ausencia o desconocimiento de normas provenientes del sector salud,[8] de la Secretaría de Educación Pública o de asociaciones de profesionales que establezcan criterios en torno a los estudios previos requeridos, los contenidos teóricos indis-

---

[7] En muchos de ellos los ponentes no llevaban trabajos escritos, sino improvisaban.

[8] En el momento de escribir estas líneas había leyes al respecto en el Distrito Federal y en Jalisco.

pensables, las horas de práctica supervisada y los procesos terapéuticos individuales que las personas deben completar antes de ser consideradas psicoterapeutas profesionales, seguirán proliferando las escuelas de poco o nula calidad y la práctica "silvestre"[9] de la psicoterapia (y no sólo la corporal).

Por otra parte, el hecho de que la difusión y formación en psicoterapia corporal en México se ha desarrollado, casi en todos los casos, fuera de las instituciones de enseñanza superior, tiene que ver con que las corrientes dominantes en la psicología académica entre 1950 y mediados de la década de 1970 fueran el psicoanálisis y el conductismo. La difusión de la psicología humanista a través del Enfoque Centrado en la Persona y la creación de maestrías e institutos de Desarrollo Humano abrieron la puerta para que se dieran a conocer otras formas de psicoterapia, entre ellas la Gestalt y la psicoterapia corporal. El hecho de que esto sucediera al margen de las escuelas de psicología se explica por la cerrazón de algunos grupos de poder, que no toleraban disidencia alguna en los planes y programas de estudio (Aguilera, 2005). Por fortuna, esto empieza a cambiar. La difusión y enseñanza de la psicoterapia corporal en las universidades, en especial en las públicas, seguramente le dará mayor seriedad al campo.

Más aún, la investigación acerca del desarrollo profesional de los psicoterapeutas como gremio puede contribuir tanto a mejorar la efectividad de la psicoterapia como el conocimiento que cada uno de ellos adquiere de sí mismo y de su forma de trabajar a través de la terapia personal y la supervisión (Orlinsky *et al.*, 2005).

La experiencia de formación de los psicoterapeutas corporales mexicanos

Características de la investigación

Con la intención de conocer más sobre las características de los psicoterapeutas corporales y su experiencia de formación, el autor (Ortiz, 2011) recogió y analizó los testimonios de cinco psicoterapeutas corporales

---

[9] Tomo ese término de Freud (1910) para referirme a quienes se ostentan como psicoterapeutas y sólo han leído algunos libros y/o asistido a cursillos.

mexicanos. El objetivo de la investigación fue describir la formación y prácticas profesionales de los psicoterapeutas corporales mexicanos, en sus propias palabras. Al no existir investigaciones en torno a los psicoterapeutas corporales mexicanos ni estudios específicos sobre los de otros países, se buscó obtener una visión panorámica mediante el análisis exhaustivo de las narraciones de profesionales experimentados. Por consiguiente, se eligió un método cualitativo (Creswell, 2003; Kvale, 1996), específicamente, entrevistas a profundidad. Al no haber investigaciones sobre el tema se trató de un estudio descriptivo (Taylor y Bogdan, 1992).

Con estos objetivos se buscó entrevistar a cinco profesionales, residentes en el área metropolitana, que hubieran cursado al menos tres programas de formación y contaran con diez o más años de experiencia y reconocimiento en el gremio.

En los hechos, los años de práctica profesional de las entrevistadas[10] fueron, en promedio, 18.4, con un máximo de 23 y un mínimo de 13. Cada una había completado por lo menos cinco programas de formación y todas habían participado, ya sea como asistentes, organizadoras o maestras, en programas de entrenamiento para psicoterapeutas.

De las cinco participantes sólo una tenía licenciatura en psicología al momento de realizar la investigación. Dos contaban con título en otras disciplinas y dos más no habían terminado una carrera universitaria.

Fueron entrevistadas a profundidad (Taylor y Bogdan, 1987; Creswell, 2003) y, para empezar, se les dijo: "Quisiera que me contaras de la psicoterapia corporal y tú". Las preguntas subsecuentes dependían del desarrollo de la narración.

Análisis de las entrevistas: contexto y proceso

Las historias de las entrevistadas contienen una gran riqueza de datos que sin duda pueden analizarse desde diferentes perspectivas. Despúes de un análisis exhaustivo de las transcripciones, en busca de que los relatos de las entrevistadas pudieran organizarse en torno a lo que tenían en común, se decidió organizar sus respuestas respecto al proceso en el cual se convirtieron en psicoterapeutas corporales.

---

[10] De conformidad con los lineamientos de la APA, para evitar el lenguaje sexista, al referirme al conjunto de participantes usaré el género femenino.

Investigar este proceso implica que hay que ocuparse del ambiente en el que las entrevistadas se formaron. Al responder sobre su formación como psicoterapeutas corporales, ellas hablaban de una época y de una subcultura, con sus propias costumbres y valores, ajenos o hasta contrarios a los que habían experimentado en su vida. Fue dentro de esa subcultura que tomaron talleres y programas de formación, organizados por maestros e institutos, al margen de las universidades. En ellos se daban relaciones significativas con sus pares y con sus maestros. Las historias de las participantes, y las diferentes formas de psicoterapia corporal que han aprendido desde que se adentraron en este campo no se pueden entender sin aludir a este contexto, temporal y cultural. El contexto o ambiente en el que las historias transcurren en ese *zeitgeist* o clima cultural. Ahí se dio un proceso de desarrollo humano en términos de Bronfenbrenner (1979): las entrevistadas adquirieron capacidades que les permitieron descubrir sus potencialidades y cambiar tanto a su ambiente como a sí mismas; no fueron receptoras pasivas, sino agentes cuya acción contribuyó a la construcción del sistema.

El contexto en el que nuestras participantes se formaron como psicoterapeutas consta de escenarios concéntricos o contenidos uno dentro de otro, como las *matrioshki*, esas muñecas rusas que contienen varias muñecas más pequeñas dentro de ellas. Así, cada grupo de formación o taller está contenido dentro de un instituto comprensible sólo en términos de una tendencia cultural o, más específicamente, de una subcultura. De esta suerte, comprender su conducta abarca más de un escenario, incluyendo aspectos del entorno que están más allá de la situación inmediata en la que funciona el individuo y que pueden repercutir de alguna forma en ella.

En los grupos de formación y los talleres, se entablaban relaciones alternas tanto con los maestros y terapeutas (que en esta investigación se tratarán como mentores) como con los otros participantes. Estas formas de interacción se percibían como más significativas, nutritivas o auténticas cuando se les comparaba con las relaciones "normales", fuera del contexto de los grupos.

A su vez, los talleres y programas de formación estaban contenidos en los institutos que los organizaban. Todas nuestras entrevistadas tomaron al menos cinco programas de formación promovidos por diversos institutos. Ellas iban de un taller a otro y de una formación a la siguiente. Algunos institutos estaban relacionados con personas o asociaciones extranjeras que determinaban en buena parte los procesos y contenidos de los programas.

Este contexto se describe en los dos primeros capítulos de este trabajo: en el primero se presenta un panorama general de la disciplina y el segundo trata de la historia de la psicoterapia corporal. En tanto estudiantes y profesionales de esta corriente –es decir, las entrevistadas y sus maestros– formaban parte de una subcultura con elementos de la contracultura de la década de 1960, en cuyo contexto se dio el movimiento de los grupos de encuentro. Aunque obviamente esa época ya había pasado, los institutos de desarrollo humano y de psicoterapia corporal en los que se formaron nuestras participantes conservan mucho de ese espíritu, teñido en ocasiones de creencias *New Age*. Al hablar de su formación, todas las participantes se refirieron, de manera explícita o implícita, a las características, usos y valores de esa época.

En ese contexto llegaron a ser psicoterapeutas, a través de un proceso, es decir, de una serie de cambios graduales, sin límites precisos y que, en la mayoría de los casos, empezó sin una idea clara de dirección. Las participantes hablan de transformaciones a lo largo del tiempo, en su forma de entender y practicar la psicoterapia, así como en la percepción que tienen de sí mismas. Se trata de un proceso cuyas fases se confunden entre sí de modo que las características de las primeras persisten en las siguientes, en donde la constante es el cambio, cambio que todas las participantes experimentan incluso ahora, muchos años después de haber iniciado su formación como psicoterapeutas corporales. Como bien afirma Rogers (1961), se trata de un proceso y no de un estado, de una dirección y no de un destino.

Las fases del proceso no tienen límites claros. Por el contrario, las etapas se confunden entre sí y algunas características de las anteriores persisten en las siguientes. Por ejemplo, no se distingue la etapa en la que tomaron talleres de aquella en la que entraron a un programa de formación y en algún momento, todas las participantes estuvieron en dos o más programas a la vez. Desde su primera experiencia de psicoterapia corporal hasta el momento presente, experimentaron cambios graduales que no sólo modificaron su forma de trabajar y sus ideas acerca de la psicoterapia, sino que las transformaron, y las siguen transformando, como personas.

Al no poder hablar de etapas definidas, el proceso de las entrevistadas se puede analizar, siguiendo la sugerencia de Rogers (1961), por las direcciones en las que se desenvuelve. Consiste, en todos los casos, en cambios graduales de motivación, actitud, valores y comportamiento. Por ejemplo, todas pasaron por una etapa en la que necesitaban cambiar, aunque no supieran bien cómo y en qué dirección, y gradualmente todas encontraron una nueva vocación como psicoterapeutas. En otras palabras, la motivación inicial para entrar en el mundo de la psicoterapia corporal cambió: pasaron de la necesidad a la vocación. En cuanto a la actitud, todas reconocen que, al principio, tomaban todos los talleres y programas que se ofrecían y ahora eligen con más cuidado. Hablamos, entonces, de un cambio, de la avidez a la selectividad. Al volverse selectivas, construyeron su propio plan de estudios. Hubo un tiempo en que todas se preocuparon por aprender técnicas, mientras que ahora prefieren enfatizar la relación terapéutica. Al inicio de su formación, las entrevistadas pasaron por una época "salvaje" en la que los terapeutas autoritarios presionaban a sus pacientes hasta lograr descargas emocionales, y ahora prefieren trabajar de modo más suave y respetuoso.

Aun en la actualidad, todas sienten que están aprendiendo y cambiando de forma de trabajar, si bien a un ritmo más suave. Sus historias son, pues, historias de cambio. Al recordar el pasado le dan sentido y coherencia a su historia y a su quehacer profesional. Por último, las participantes reflexionaron sobre su práctica actual. Al tocar este tema, hablaron de las ventajas de la psicoterapia corporal, del tipo de personas que atendían, de su propia integración de lo que han aprendido y, finalmente, del significado de su trabajo.

Hablar de proceso implica necesariamente reflexionar sobre su propio pasado, presente y futuro. En ese sentido, las preguntas de investigación incitaron a las participantes a transformar el tiempo vivido en historia (Rüsen, 2005). La consciencia histórica está implícita en la medida en que las participantes hablaron de sus propios procesos en una línea temporal, dándole sentido y coherencia a su formación profesional, a su práctica actual y a su futuro como psicoterapeutas, es decir, de la dimensión temporal de su experiencia. Enseguida se detallarán estos ejes de análisis.

El contexto

En general, el contexto se refiere a un periodo, el de los años sesenta del siglo pasado y la subcultura originada entonces, en particular al Movimiento del Potencial Humano *(Encounter Movement)* (Back, 1973). En particular se trata de los talleres y programas de formación en diferentes modalidades de psicoterapia corporal, organizados por personas e instituciones independientemente de las universidades e institutos de enseñanza superior. Ahí las entrevistadas establecían relaciones con sus mentores y con sus grupos de pares, relaciones con características especiales, no habituales en otros ámbitos.

Sobre la época y la contracultura

El proceso de formación de las entrevistadas sucedió en el marco del Movimiento del Potencial Humano, con énfasis en la experiencia, la libertad de expresión y la importancia de la autenticidad de las relaciones. En este contexto social, las participantes se convirtieron en psicoterapeutas. Los sistemas de orden inferior (institutos, talleres, programas de formación y las relaciones con mentores y pares que se daban en ellos), son consistentes con el sistema de creencias de una contracultura. En ellos se ofrecían oportunidades de expresarse a plenitud sin solicitar prerrequisitos: cualquiera podía inscribirse a un taller, fuera cual fuera su formación profesional. Sólo se necesitaba participar. La intención de cambio y la consecuente búsqueda de las participantes florecieron en el contexto del *zeitgeist* de la época en la que tres de ellas empezaron a asistir a talleres de psicoterapia corporal. Se buscaba, según Eugenia,[11] la libertad adentro (libertad de movimiento y nuevas experiencias alrededor de los sentidos, ampliación de la consciencia, la expresión más amplia de las emociones) y afuera (el contacto humano sin prejuicios, la reivindicación de los derechos). Liberarse, buscar estilos de vida alternativos, nuevos significados y posibilidades de expresión eran valores de las décadas de 1960 y 1970.

La inconformidad con ciertos aspectos de su estilo de vida, su deseo de cambio y la oferta de alternativas presentes en los talleres y programas

---

[11] Se usan nombres falsos para proteger el anonimato de las participantes.

de formación contrastaban con trabajos que parecían rutinarios o menos atractivos. Marisa, por ejemplo, dijo que ya quería dejar de trabajar en las empresas y Nadia recordó que venía de una ciudad conservadora de provincia, con valores del siglo XIX y había que romper con ellos. Deyanira, por su parte, habló de su timidez, que en los talleres le pedían moverse, estar con el otro y compartir experiencias y que eso le gustaba mucho.

La participación en los talleres y programas no se explica en términos de problemas individuales o psicopatología, sino de una intención de cambio y mejoría. De buscar alternativas a ciertas características personales y no de "curar". Quienes asistían a los talleres, en palabras de Shepard (1975), eran personas dispuestas a decir "Yo podría sacar aún más de mi vida" y los grupos les daban la oportunidad de hacerlo. El tema era romper, abrirse, salir, encontrar algo que despertara pasión, y la psicoterapia corporal, tal como la experimentaron nuestras participantes, ofrecía todo eso y más.

La oferta de educación informal: talleres y programas de formación

Las participantes se formaron como psicoterapeutas corporales tomando talleres y programas de formación sin reconocimiento oficial, fuera de las instituciones de enseñanza superior. Como se vio en el capítulo anterior, los talleres son formas de aprendizaje experiencial que se popularizaron en el contexto del Movimiento del Potencial Humano. Tal como sucedió en Estados Unidos en la segunda mitad de la década de 1970 y principios de la siguiente, en México surgieron institutos que ofrecían experiencias intensivas de fin de semana en las que se reunían personas de diferentes ocupaciones con el fin de conocerse a sí mismas y desarrollar sus potencialidades. Tres de las participantes tomaron talleres organizados por el Instituto Wilhelm Reich, fundado por el doctor Rafael Estrada Villa en 1970 y la cuarta en el Centro Yollolcalli, cuya directora, Ilse Kretzchmar, empezó su formación en el instituto del doctor Estrada. Según abordamos en el capítulo anterior, el Instituto Wilhelm Reich, junto con Tarango, fueron versiones mexicanas de Esalen, la Meca del Movimiento del Potencial Humano (Ortiz, 1998a). En el caso de nuestras entrevistadas, estas instituciones fueron equivalentes a sus "universidades", los talleres que cursaron fueron sus materias y los programas de formación, sus estudios de licenciatura o posgrado. En principio era posible tomar "materias" o hasta inscribirse en los programas de formación sin tener la intención de convertirse en psicoterapeuta, sólo con el objetivo del crecimiento personal.

Eugenia definió los talleres como "tener una experiencia práctica de un principio teórico (…) que venga un maestro y ver su práctica y haces su práctica y pretendes que eso te dé una experiencia de vida". Ofrecían, en paquete, un proceso de conocimiento personal y conocimientos prácticos de psicología, que rara vez se ofrecían en las universidades. Algunos giraban alrededor de temas psicológicos a trabajar, como la relación con los padres de los participantes (el Método Fisher Hoffman); en otros se demostraba y aprendían técnicas básicas de una escuela o método, como el masaje ayurvédico, y algunos tenían por objeto conocer el trabajo del creador de una escuela.

Los talleres les aportaron experiencias personales extraordinarias que hicieron que se quedaran ahí, al grado que tomaron muchos y en una época dedicaron buena parte de sus recursos y tiempo libre a participar en ellos. Ofrecían crecimiento personal y, a la vez, nuevas e intensas oportunidades de expresión emocional, como podemos ver en los siguientes testimonios:

> Ya cuando entré en el Instituto Wilhelm Reich, entre todos los miles de talleres que se daban ahí, porque tomaba todos (…), me di cuenta de que en seis meses afloraron y se removieron más cosas que en siete años [de terapia individual], donde casi nada sucedía (Nadia).

> Cuando llegué al Fisher y vi esa locura de gritos y yo eso traía adentro. O sea, yo quería gritar y golpear, entonces, piensas "De aquí soy" (Marisa).

> En realidad, creo que en el instituto intentaban experimentar con la ampliación de la consciencia, la expresión más amplia de las emociones. Recuerdo que Rafael Estrada hablaba de las personas fragmentadas e infelices, y también creía que una forma de evitarlo era la prevención; por ello los talleres para los adolescentes tenían este propósito (Eugenia).

> El primer taller que tomé se llamó "En contacto con el placer", la verdad eran talleres que se atrevían a pedirte el desnudo. Híjole, para mí fue todo un reto, pero un reto que aprendí muy pronto, me encantó porque era como muy de sensibilización. Todo lo que todas las psico-

terapias de este tipo tienen en común, estar en contacto contigo y con el medio, la naturaleza, los otros. Y eso me ayudó mucho; yo me abrí y pues aprendí a estar más en contacto conmigo, a sentir, a validar mis sentimientos y a guiarme por eso (Deyanira).

El aprendizaje experiencial

Las características de los talleres y programas de formación y la importancia de los mentores hacen que los relatos de las participantes sean también un recuento de un proceso de educación informal. Todas ellas se formaron en instituciones sin reconocimiento oficial e hicieron su propio currículum poco a poco, siguiendo sus intereses y buscando lo que les faltaba. Su entrenamiento fue eminentemente práctico, aunque todas destacan la importancia de la lectura y el estudio. Las entrevistadas defienden el aprendizaje experiencial:

(Los talleres) eran teórico-prácticos, por lo que, si bien había todo el sustrato teórico, rápidamente era la experiencia la que hacía que tomara, lo comprendiera de otro modo, ¿no? en el cuerpo (Nadia).

(Las formas de aprender) las psicoterapias generalmente son experienciales; es a través de ti que surge el conocimiento o no, o la reflexión o el acomodo de la teoría. Entonces ya se puede (…) salir a dar un encuentro con el otro. Y en la carrera todo es mental, es todo a través de información. Creo que acá nos entrenamos mejor haciendo. Ya ves, en estos ejercicios en donde el otro es el cliente y practicas y practicas lo que estás estudiando (Marisa).

Al mismo tiempo, a pregunta expresa, cuatro de las participantes contrastan su propio proceso de aprendizaje con lo que, en su percepción, sucede en las licenciaturas en psicología:

Yo no recomendaría la carrera de psicología sino la de psicoterapia, eh. (…) las psicoterapias por lo general son experienciales (…). Y en la carrera todo es mental, a través de información. Creo que acá nos entrenamos mejor haciendo (Marisa).

…fui un tiempo a la UNAM y… sí tuve esta impresión de que estaba perdiendo el tiempo (…). Como de apatía de parte de los maestros y muy poco interés realmente en el psicólogo *to be* que hay en los estudiantes, como falta de pasión. Pienso que en general en los entrenamientos de psicoterapia hay un poco más de pasión del que enseña o menos apatía, ¿no? Mi impresión en la UNAM fue... ¿por qué serán más apáticos en la universidad? No sé si el profesor de la universidad quería hacer otra cosa y no la hace, no sé si el profesor de la universidad necesita trabajar tantas horas haciendo y si no lo hace no tiene lo que requiere para subir en el escalafón. Otra cosa es que a veces los grupos son muy grandes, a veces la gente es muy joven y tampoco sabe muy bien qué quiere. Y yo creo que es una combinación... Pero mi experiencia así fue. Por ahí alguien hacía esa broma: "Si quieres pasar la carrera de psicología, lo único que necesitas es paciencia, aguantar cuatro años y formarte en la fila correcta. Porque, pues, puedes estar dormido en la clase; con que pases lista ya tuviste tal porcentaje pasado". Y eso es patético. Como esta falta de placer por estudiar algo. Creo que los chavos hasta pierden el impulso, ¿no?; llegas y te derrites en la banca. Y yo creo que cuando la gente estudia psicoterapia está un poco más grande, como que ya tiene más experiencia. Pienso que los maestros, por lo menos los que yo conozco, tienen un poco más de pasión o bastante más que el profesor universitario. ¿Me hizo algo falta (estudiar psicología)? Sí, me hubiera gustado estudiar algo más de neurología, por ejemplo (Eugenia).[12]

Cuatro de las cinco participantes empezaron a formarse en talleres, a diferencia de Deyanira, que tomó su primer taller de psicoterapia corporal después de terminar la licenciatura en psicología, cuando cursaba la maestría en desarrollo humano. Su experiencia coincide con los reportes de un conjunto de psicoterapeutas de diferentes orientaciones (Godfried, 2001). Tanto algunos psicoterapeutas cuya orientación inicial fue psicodinámica (Smith Benjamin, 2001), como cognitivo conductual (Fodor, 2001; Lazarus, 2001; Mahoney, 2001) y, por supuesto, experiencial (Beutler, 2001), relatan que los talleres fueron importantes para su formación, pero todos participaron en ellos después de estudiar psicología y haber completado un programa de formación a nivel de posgrado.

---

[12] La entrevista se realizó en 2010. Eugenia se inscribió a la carrera de psicología al año siguiente y recién terminó. Lo hizo, al menos en parte, porque veía venir la aprobación de leyes según las cuales sólo los psicólogos con posgrado podían ser psicoterapeutas.

El hecho es que la formación en psicoterapia corporal no podía realizarse de otra manera. Como dice Michael Heller (2001),[13] "En nuestro campo, los talleres son el equivalente de los artículos para la mayoría de las formas de conocimiento. En los talleres podemos compartir lo que sabemos, (y) compartir nuestra forma de hacer las cosas y de integrarlas".

El énfasis en la práctica coincide con la desconfianza en lo intelectual, en el "estar en la cabeza", propio del movimiento de los grupos de encuentro, que subsiste en algunos grupos de formación.

Al tratarse de educación informal, los contenidos y formas de aprender estaban en función de las preferencias y cualidades de los docentes más que de planes y programas de estudio establecidos. De esta manera, las participantes recuerdan a maestros que les dejaban muchos libros a leer (confiando en que lo harían y sin hacer evaluaciones) y a otros que descuidaban la teoría. Esto hizo que Deyanira, quien tiene estudios previos en psicología, se sintiera insatisfecha y continuara buscando sustento teórico a su trabajo:

> Al menos en los grupos en que yo estuve, no nos dejaban mucho para leer. (…) Yo quería también explicaciones. Entonces sí, la verdad, yo tenía ciertos marcos de referencia como la teoría del desarrollo, como algunos principios freudianos de cómo se fue desarrollando la práctica de una psicoterapia, de un inconsciente, de que hay caracterología, etc. Y creo que eso me dio una ventaja porque yo pensaba "He sido maestra de, y entonces puedo transmitirlo", porque también tengo interés de organizar mis ideas para poder nombrar un proceso, no nada más entrar en el proceso, que también lo sé. Creo que eso me lo dio. Eso me llevó también a estudiar psicoanálisis.

Los mentores

En sus relatos, todas las participantes se refirieron a encuentros o relaciones especiales con algún psicoterapeuta famoso, por lo general, fundador o director de una escuela. Los terapeutas jugaban varios roles: no sólo eran maestros y facilitadores de talleres, sino psicoterapeutas y su-

---

[13] La cita de Heller es particularmente relevante porque es uno de los autores más reconocidos en Europa y uno de los pocos que hacen investigación.

pervisores de las entrevistadas. En muchos casos fueron incluso amigos o socios. Sirvieron, como dice Gerardo, de *role model*. Tal vez la mejor palabra para sintetizar todo ello, es decir que fueron mentores en el sentido de Levinson (1978):[14] personas mayores, con más experiencia en el mundo en el que están entrando sus pupilos. Los mentores desempeñaron diferentes funciones. Fueron modelos de desempeño profesional, ejemplos a seguir:

> Yo me veo en la psicoterapia, en la psicoterapia yo veo como dos o tres modelos o sea, gente que he dicho "Así me gustaría trabajar" (Gerardo).

> Es decir, me gustó mucho el modelaje que Stuart tenía en el trabajo corporal, un estilo más cercano al humanismo, digo yo (Gerardo).

> Sí, sí, Blanca fue mi maestra y fue un modelo a seguir. Ella me enseñó a jugarme el todo por el todo, a ir al fondo, a no hacerme güey. Sí, sobre todo, tenía esta habilidad de detectar la falsedad más pronto. Pero, digamos, ella me enseñó a no tenerle miedo al proceso (Nadia).

> (El trabajo con)… los Polster, de relacionar el lenguaje y lo no verbal con el cómo estás en la vida me impactó tanto que es el centro de lo que yo hago (Deyanira).

Pero los mentores no sólo representaron modelos profesionales a imitar, también en lo personal tenían cualidades admirables que inspiraron a las participantes.

> Blanca era trabajólica. O sea, era entrona (Nadia).

> El contacto con Eva Reich y todo su planteamiento sobre los bebés yo creo que lo conservo en mí. Ese trabajar en la prevención, y no sólo el pensamiento sino la pasión de hacerlo (Eugenia).

> De Jack, creo que su alegría de vivir. Su frescura. Es otro que tampoco le tenía miedo a ir más allá y romper paradigmas. Una gente que inspira (Nadia).

---

[14] La investigación de Levinson, como su título indica, se refirió a las etapas de desarrollo de los hombres. En su trabajo afirma que hay evidencias de que hay menos relaciones con mentores en las mujeres, pero el trabajo se realizó hace más de treinta años.

De Rafael, este espíritu revolucionario, libertario, esta capacidad de reírse (Nadia).

Por último, fueron guías y terapeutas que les ayudaron a cambiar y acompañaron a nuestras entrevistadas en su búsqueda. Todas recuerdan momentos significativos en una sesión, o un encuentro especial que les ayudó a cambiar su forma de verse a sí mismas y de afrontar la vida.

Blanca me dijo: "Eres terapeuta o no eres terapeuta". ¿No? Me acorraló en un rincón y yo contesté "Bueno, está bien, está bien, soy terapeuta" (Nadia).

De Rafael lo que más me gustó es haberme sacado de mi contexto. (…) Y como decir, "existe otra manera de vivir, de experimentar; no tengas miedo, desafía" (Nadia).

De hecho, yo hice un proceso con él. Yo fui uno de los que pasó al frente y, ¡no, hombre!, el trabajo me dejó como guante volteado al revés (risas). O sea, poderoso, profundo, me encantó (Gerardo).

Tuve un maestro que en verdad me vio y en una situación X me dijo "Nada importa sino cómo estás tú", y yo toqué el paraíso en ese momento, cuando me dijo "Lo demás no importa sino cómo estás tú". Ahí fue como se empezó a nutrir esa parte de querer ser mirada de otra forma, ahí empezó (Marisa).

Desde luego, los mentores desempeñaron varias funciones. Fueron guías, psicoterapeutas y ejemplos a seguir en lo personal y en lo profesional. La relación con los mentores, en el sentido de Levinson (1976), no es una relación con una figura paterna o materna. El mentor suele ser de ocho a quince años mayor que su aprendiz y debe situarse entre el rol de padre y el de par. El caso de nuestras participantes es complejo, ya que los mentores fueron en algún momento psicoterapeutas, maestros y supervisores. En tanto psicoterapeutas, despertaban transferencia, es decir, se les atribuían características de los padres y las entrevistadas reaccionaban en consecuencia. Pero, según dicen todas, la relación no se limitaba a proyectar características de los progenitores en los maestros o terapeutas. En otras palabras, no eran sólo "pacientes" que transferían sentimientos del pasado a un terapeuta, sino adultos en transición que encontraron personas de mayor experiencia que les ayudaron, en palabras de Levinson (1976), a alcanzar "El Sueño", una posibilidad imaginada que genera excitación y vitalidad. En el caso de nuestras entrevistadas, el sueño equivale a la vocación [el *calling* o *berufung* de Max Weber (1905)] de ser psicoterapeuta y la relación con los mentores hace que se defina y concrete. En palabras de nuestras entrevistadas:

> Como que a ratos entraba en transferencias (…), pero había momentos en que estábamos más iguales (Nadia).

> Con todos estuve primero en proceso personal como cliente, y en su momento todos jugaron un papel de figura paterna. Con todos también terminé involucrado en una relación personal, de colaboración y amistad, y a todos les guardo gratitud y cariño (Gerardo).

Más allá de los roles que desempeñaron, la principal función de los mentores, según Nadia, es ver la potencialidad de sus aprendices y decirles "Sí se puede". Considera que cuando uno admira algo en una persona es que ve partes que uno tiene pero no ha desarrollado, y…. "Entonces esas partes como que se animan, ¿no? a salir a la escena". Las cualidades admiradas de los mentores "invitan a las partes de uno que están dormidas (…) que no han sido convidadas".

Relaciones alternas

Todas las participantes se refirieron a la importancia de las relaciones que se establecen en los talleres y programas de formación. Las relaciones con quienes comparten esas experiencias se perciben más profundas y auténticas y se prefieren a las cotidianas, que parecen vacías o superficiales. Los participantes hablan de temas que no suelen tocarse y expresan sus emociones con una intensidad que difícilmente se encuentra en otro lugar.

> Cada quien va tocando sus temas personales y se va abriendo, todo lo que cada quien trae y entonces (…), lo del otro me toca, lo del otro me nutre, lo del otro me, me retoma cosas y se va haciendo como una bomba, así como *in crescendo*; pero bueno, una cosa que me pasaba mucho era que cuando llegaba a mi casa era tan contrastante el exceso con el vacío por decirle, que, bueno, está muy, muy, muy radical, pero

era fuerte regresar, como si hubiera sido o como si hubiera ido yo a un estado alterado de consciencia, si hubiera estado allá y de repente llegara a la normalidad y me costara trabajo aterrizar (Marisa).

… prefería yo estar en el fin de semana con las gentes con las que podía yo expresarme, con quienes podía ser como era; en fin, como esta parte personal y bueno, pues si era a tomar un taller lo tomaba y si iba a tomar un curso lo tomaba (Gerardo).

A la larga, quienes tomaron talleres también los dirigieron, y se forma una subcultura con usos, costumbres y valores propios. Eugenia les llamó "los talleristas":

Son personas que no quieren una psicoterapia, un proceso, y tienen una necesidad, por un lado, de llevar una vida social activa a través de los talleres donde encontrarse con ciertas personas en ciertos talleres es algo muy importante. Y este evento emocional que sucede donde tienes, pues, un cierto apapacho y un cierto contacto intenso, creo que a veces suple la vida cotidiana normal en muchas personas.

La visión de Eugenia es muy crítica, y ciertamente no corresponde a nuestras entrevistadas, ya que ellas, además de los talleres y programas de formación, han estado en procesos de psicoterapia individual, pero tal vez aun quienes pasan por esa etapa eventualmente reanudan o inician actividades que nada tienen que ver con la psicoterapia corporal o los grupos en los que se enseña y practica. Todas las participantes tienen actividades, intereses y relaciones fuera del ambiente de la psicoterapia, aunque las relaciones con personas que estaban dentro de ese ambiente fueran o sigan siendo muy importantes en su vida. Con ellas "compartimos este mismo lenguaje o es como una familia", dijo una participante.

En resumen, todas las participantes hablaron de que en los grupos se establecen relaciones diferentes, más profundas o más auténticas, y, al menos en una época, prefirieron interactuar con quienes comparten esas experiencias y valores. Hay que subrayar que esto no es exclusivo de la psicoterapia corporal, sino una característica de los grupos de encuentro. En los talleres y programas de formación –como advirtieron dos de los principales estudiosos de los grupos de encuentro (Back, 1970; Ruitenbeek, 1970)–, muchas de las normas sociales se revertían. De esta manera, si en las relaciones cotidianas había reserva, en los grupos se valoraba la expresión intensa de las emociones y la revelación de la intimidad; si en su educación se fomentó el pudor y se limitó el contacto físico, en los grupos se enseñaban técnicas de masaje y "lectura del cuerpo" (todas las informantes tomaron cursos en los que se enseñaba a "leer" la historia y la situación actual de las personas en la apariencia y movimiento del cuerpo) y se creaba un ambiente en el que la cercanía era permitida y alentada. Las participantes corroboran la afirmación de Rogers (1970): mientras en las relaciones "normales" se hablaba de temas superficiales e impersonales,[15] en los grupos ocurrían encuentros personales auténticos, en el aquí y ahora, más allá de los roles convencionales. En ese sentido, nuestras participantes cambiaron más allá del microsistema de los talleres y grupos de formación. Prefieren, como dice Nadia, un tipo de relación "más profunda (en lugar de) toda la periquera y todo lo que sería un contacto como de máscaras y eso pues no me gusta tanto".

El proceso de convertirse en psicoterapeutas

El proceso de convertirse en terapeutas consistió en una serie de cambios graduales, sin límites claros y, en la mayoría de los casos, empezó sin una clara idea de dirección. Las participantes hablaron de transformaciones a través del tiempo, tanto en su forma de entender y practicar la psicoterapia como en la percepción que tienen de sí mismas. Se trató de un proceso cuyas fases se confunden entre sí, de modo que las características de las primeras persisten en las siguientes, en donde la constante es el cambio, cambio que todas las participantes experimentan incluso ahora, muchos años después de empezar su formación como psicoterapeutas corporales. Como bien afirma Rogers (1961), se trata de un proceso y no de un estado, de una dirección y no de un destino.

Las fases del proceso no tienen límites precisos. En algún tiempo, todas las participantes estuvieron en dos o más programas de formación a la vez. Desde su primera experiencia de psicoterapia corporal hasta el momento presente, experimentaron cambios graduales que no sólo modificaron su forma de trabajar y sus ideas acerca de la psicoterapia, sino que las transformaron, y las siguen transformando, como personas.

---

[15] Este punto se tratará más adelante.

Al no poder hablar de etapas definidas, el proceso de las entrevistadas puede analizarse, siguiendo la sugerencia de Rogers (1961), por las direcciones en las que se desenvuelve. Se trata, en todos los casos, de cambios graduales de motivación, actitud, valores y comportamiento. Por ejemplo, todas pasaron por una etapa en la que *necesitaban cambiar*, aunque no supieran bien cómo y en qué dirección, y gradualmente todas encontraron una nueva *vocación* como psicoterapeutas. En otras palabras, la motivación inicial para entrar en el mundo de la psicoterapia corporal cambió. Fue un tránsito de la necesidad a la vocación. En cuanto a la actitud, cada una de ellas reconoce que, al principio, tomaba todos los talleres y programas que se ofrecían y ahora eligen con más cuidado. Se trata, entonces, de un cambio de actitud: de la avidez a la selectividad. Al volverse selectivas, construyeron su propio plan de estudios. En un tiempo todas se preocuparon por aprender técnicas, mientras que ahora prefieren poner énfasis en la relación terapéutica. Al inicio de su formación, las entrevistadas pasaron por una época "salvaje" en la que los terapeutas autoritarios presionaban a sus pacientes hasta lograr descargas emocionales, y ahora optan por trabajar de modo más suave y respetuoso. Hablan de una época salvaje con énfasis en las técnicas y de que ahora le dan importancia a la actitud y la relación terapéutica.

Aún en la actualidad, todas sienten que están aprendiendo y cambiando de forma de trabajar, si bien a un ritmo más suave. Sus historias son, pues, historias de cambio. Al recordar el pasado le dan sentido y coherencia a su historia y a su quehacer profesional. Por último, las entrevistadas hablaron sobre las ventajas de la psicoterapia corporal, sobre el tipo de personas que atienden, su propia integración de lo que han aprendido y, por último, sobre el significado de su trabajo.

De la necesidad a la vocación

En la búsqueda de cambio hubo hallazgos inesperados. Como los príncipes de Serendip, nuestras entrevistadas buscaban resolver problemas personales o aprender de sí mismas tomando talleres en los que se empleaban técnicas psicocorporales y encontraron en su camino cosas que no buscaban: la oportunidad de conocer personas como ellas, con quienes se relacionaron de modos que perciben como más nutritivos; se conocieron a sí mismas y aprendieron a relacionar lo que pasaba en sus cuerpos con sus emociones y pensamientos e, incluso, tuvieron experiencias religiosas como resultado del trabajo psicocorporal. Pero, sobre todo, encontraron una nueva profesión, que bien puede calificarse, como vimos arriba, de vocación o *calling* en el sentido de Weber (1905):

> Y, fue, yo estaba en terapia (también) en un grupo; entonces, bueno, estaba muy metido en el ajo, por así decirlo. Y fue al platicar con ellos y verlos, al encontrar la manera de trabajar más en tu ritmo, de hacer… cuando me planteé, ¿cómo sería hasta vivir de esto? O sea (…) que hasta te paguen y puedas llegar a vivir de esto, ¿no? Pos se me hizo así como cuasi fantástico, ¿no? (Gerardo).

> Yo lo vivo (ser psicoterapeuta) como una misión hacia mí misma que está conectada con una misión hacia el mundo esta cosa de impecabilidad, esta cosa como de veras hacer algo por algo mucho más allá del pago. Y que a veces sorprende a algunas personas. Y les digo, "no, de esto no te haces rico" (Nadia).

De la avidez a la selectividad

Todas las participantes pasaron por una época de tomar talleres y programas de formación indiscriminadamente. Como vimos antes, se inscribían a cualquier cosa que se ofreciera en el instituto en el que se empezaron a formar o que organizaba su terapeuta (recordemos que Nadia "tomó todos" los talleres) y después, por recomendación de amigos y conocidos, en otros programas y talleres.

> No podía discriminar esas cosas, o sea, agarraba todo por paquete y no decía esto sí, esto no. Con el tiempo, con el tiempo, cuando ya se fue afinando algo, ya podía decir esto no. Pero no muy al principio. Es ahora que ya algo se maduró, algo se desarrolló que puedo discriminar (Marisa).

> …vas a un congreso y hay 87 talleres anunciados y ves, y lees y lees y lees y dices, "iría a estos dos" y seguramente al principio iría a los 87 si fuera posible, ¿no? Y en algún momento hubiera ido a 50 y en algún momento hubiera ido a treinta, y, como que se va afinando mucho más el interés pero hay algo que se sostiene. Antes era a lo salvaje, era cualquiera que apareciera… (ahora) a lo mejor estoy en un congreso cuatro días y tomo una o dos cosas… más selectivo (Eugenia).

Construyendo su propio plan de estudios

A partir de su participación en talleres aislados surgió el interés de formarse como psicoterapeutas. En tres de los casos, se trató de un programa cuyo eje era la obra de Wilhelm Reich y de su discípulo Alexander Lowen, creador del Análisis Bioenergético (Lowen, 1958, 1975, 2004; Reich, 1949, 1949), mientras que otra persona se formó en Río Abierto e Integración Postural, enfoque que también está fuertemente influenciado por Reich y Lowen (Painter, 1987). Una de las entrevistadas recuerda su primer programa de formación:

> (…) tenía más de mil horas. Ibas lunes, miércoles y viernes a tomar tres horas de clase teórica y luego viernes y una vez al mes a hacer un taller que tenía que ver como, con el contenido de lo que ibas estudiando y había gente que venía; trataba de enseñar análisis del carácter como entrada, luego enseñaba Bioenergética, Vegetoterapia, por ejemplo, o luego, bueno, en el programa había mucho de comunicación humana, mucho que entendieras que había cosas que eran patológicas más allá de lo tratable en psicoterapia y luego en todas estas prácticas donde venía Federico Navarro y hacía un mes y se iba; después venía Gerda Boyensen y hacía un mes y se iba y luego venía Jack Painter y hacía un mes y se iba. Un mes no es suficiente para darte una integración y una comprensión de algo que, además, en muchos casos –por ejemplo, en el caso de Jack Painter– estaba desarrollando (su método) al mismo tiempo que lo hacía. De hecho, ahora hace otra cosa totalmente. Entonces era un poco, yo digo, el Salvaje Oeste en eso de "¡Pues ahora tratamos esto, ¿no?", pasando por prácticas como "Ahora somos macrobióticos" o "Ahora hacemos estas prácticas de Prana Yoga por la respiración, porque va a ser catártico". (Sin embargo) creo que era el programa más cercano a mi visión actual y, aunque sí me dio conocimiento, principios y herramientas, todo lo que tiene que ver con el encuadre, el proyecto, el cómo empezar y cómo terminar, la ética, y la supervisión, más bien fue chafa (Eugenia).

Este largo testimonio da cuenta de las virtudes y limitaciones que las participantes encontraron en sus primeros programas de formación. De hecho, el programa al que se refiere Eugenia es uno de los primeros que se dio en México, y los que tomaron las otras participantes fueron hechos a su semejanza. Entre las ventajas que ella señala estaba el espíritu de apertura, en el que los creadores o principales exponentes de diferentes modalidades expresaban sus puntos de vista y trabajaban con el grupo en una atmósfera más de curiosidad y cooperación que de competencia, como es el caso ahora. Por otra parte, es evidente que había improvisación y se seguían modas y que la diversidad de enfoques era difícil de integrar. Eugenia menciona también el énfasis en la catarsis, que será tratado más adelante.

No todos los programas tenían la misma duración ni el mismo formato. Algunos implicaban reuniones más esporádicas y en otros los participantes se reunían más a menudo, como podemos ver en los siguientes testimonios:

(…) entré a una primera formación ya más en forma porque fue un año y medio de desbloqueo, le llamaban "desbloqueo reichiano". Era un módulo de fin de semana una vez al mes y nos veíamos entre semana también en México (Gerardo).

Mira, casi todos están diseñados por módulos, módulos de cuatro o cinco días, aproximadamente tres al año y llega un entrenador extranjero o nacional y… El entrenador llega, son cuatro días intensivos y hasta el siguiente módulo tres veces al año. Lo que pretenden, me imagino, es que en esos tres meses se vayan acomodando, integrando todos para prepararse para la siguiente *bomba* o experiencia (Marisa).

Siguiendo la sugerencia de Godfried (2001), concluida la fase de las entrevistas, se les preguntó por correo electrónico cuáles eran las fortalezas y debilidades de su primera formación. De esta primera etapa, las entrevistadas recuerdan:

Si por mi orientación inicial se refiere al primer tipo de entrenamiento que tuve, el cual fue Psicoterapia Corporal, las fortalezas fueron en aquel entonces: 1) el mapa caracterológico donde se describe, etapa por etapa, el proceso de desarrollo de niño y donde se van instalando los diferentes caracteres según la herida que tuvieron, las carencias de cada etapa y los objetivos a conseguir en el trabajo terapéutico etapa por etapa; 2) el que haya estado centrada en lo empírico y no en lo racional, y 3) el que el énfasis se ponía también en ir trabajando tus asuntos directamente, es decir, eras estudiante y cliente a la vez (Marisa).

Mi formación inicial fue en Vegetoterapia y Bioenergética, iniciando a principios de la década de 1980 en el Instituto Wilhelm Reich. Las principales fortalezas que consideraría son:

- La apertura y el espíritu de innovación con que se trabajaba.

- La importancia que se ponía en el propio proceso personal del psicoterapeuta (aunque algunos de nuestros maestros a veces dejaban qué desear en congruencia).

- La metodología corporal en esos tiempos era la más potente que conocí (Gerardo).

Veíamos lo de Gurdieff. Estudiábamos los chakras y aprendíamos a tocar. La limitación de Río Abierto y de mi maestra, porque no de María Adela (la fundadora del método), era que veía con desdén la mente, lo intelectual. Era como decir: "la intuición es lo único que cuenta. La mente es pura basura". Realmente me ha costado trabajo remontar eso, porque hay un desdén un poquito inconsciente (Nadia).

Jack no nos daba tanta teoría. Nos daba poca, pero buena. Blanca sí daba mucha teoría, muchos libros para leer. [La Integración Postural es] completa en sí misma, pues implica conceptos reichianos, principios de acupuntura, anatomía, lectura de cuerpo, caracterología de Lowen, respiración, manejo de sentimientos, consciencia corporal... y más (Nadia).

En algún momento, por lo general al terminar el primer programa de formación, todas las participantes sintieron que algo les faltaba. Sabían emplear técnicas de psicoterapia corporal, en especial aquellas que provocan emociones y recuerdos, y sabían "leer el cuerpo" basándose en los mapas del carácter que trazaron Reich y sus discípulos, pero las técnicas corporales no eran suficientes. Buscando mayor estructura y habilidades que no habían obtenido en su primera formación, tres de ellas estudiaron Gestalt y otra, Psicodrama. Según Nadia, la psicoterapia Gestalt: "me permitió tener un cordoncito de guía, el hilo de Ariadna". Por su parte, Marisa dice que "se armó" o "se completó" un poco más al aprender entrevista y cómo hacer *rapport*. Eugenia, que estudió Psicodrama, relata que ahí obtuvo la estructura que le faltaba y aprendió conceptos como encuadre. En resumen, al terminar su primera formación en psicoterapia corporal, todas las entrevistadas parecían tener destrezas técnicas, pero les faltaba enmarcarlas en una relación terapéutica.

Después de estudiar Gestalt o Psicodrama (la segunda o tercera formación para ellas), todas siguieron aprendiendo nuevas modalidades de psicoterapia corporal o de otras corrientes terapéuticas. Esto coincidió con que se ofrecieron programas de formación en modalidades diferentes de su orientación inicial, que empezaba a parecer insuficiente. En algunos casos se trataba de escuelas en las que se trabajaba con el cuerpo, y en otros no. No todas les dejaron algo. Marisa, por ejemplo, nos cuenta que estudió a Jung, pero esto no parecía casar con lo corporal: "como que se iba a convertir en un cóctel que no tenía buen sabor" y Eugenia habla de un programa que le enseñó cómo no quería trabajar. También tomaron un programa de formación que pareció no dejarles nada, ya que no se refirieron a él más tarde.

En su proceso de formación las entrevistadas superaron la fidelidad incondicional a lo aprendido en la primera formación, dándose cuenta de sus limitaciones y buscando alternativas, algunas de las cuales se desecharon, mientras que otras aportaron a una síntesis personal. Los talleres y programas de formación se ofrecen a las interesadas como en un gran buffet. Al principio quieren comer de todos los platillos y, de hecho, lo hacen. Después, como dice Marisa, necesitan un tiempo para digerir. En el momento actual discriminan. Todas declaran que ya no se inscribirían en cualquier formación o taller, pero manifiestan interés en seguir aprendiendo sobre temas específicos. Además, todas habían tomado cursos de actualización o especialización en la escuela que más les interesa en el último año.

De esta manera, las participantes construyeron su propio plan de estudios. En contraste, quienes estudian licenciatura o posgrado en psicología tuvieron que aceptar un plan de estudios que, en realidad, tiene algo de arbitrario, ya que es resultado de los pactos entre los grupos de poder que lo elaboraron (Gil, comunicación personal, marzo de 2007). En ambos casos, los estudiantes debieron acomodar y asimilar, descartando experiencias y contenidos para, poco a poco, hacer una síntesis personal, siempre inconclusa.

En estos "planes de estudio" se pueden discernir dos tendencias marcadas por cambios graduales en lo que han aprendido y practicado en diferentes épocas.

De las prácticas salvajes y el énfasis en las técnicas a la importancia de la actitud y la relación

Dado que los programas de formación implican trabajo con la propia persona, todas las participantes tuvieron que pasar por experiencias emocionales intensas, algunas de ellas difíciles o dolorosas, que también debían integrarse. En ese sentido, los programas y talleres no estaban exentos de peligros. Todas las informantes se refieren a un periodo salvaje, en el que algunos maestros/terapeutas presionaban a los participantes buscando que hubiera catarsis a como diera lugar. Ya fuera en los talleres o en algún entrenamiento, la descarga emocional era una meta que se lograba "presionando desde fuera". En el plano psicológico cualquier actitud que parecía falsa o defensiva se confrontaba con dureza, mientras que en el plano corporal los participantes debían adoptar posturas estresantes y realizar movimientos expresivos, como golpear con una raqueta o permitir que les presionaran músculos crónicamente tensos mientras el terapeuta y los demás miembros del grupo los exhortaban a "sacar" las emociones reprimidas. La meta de los terapeutas, que imponían su voluntad y su agenda en el grupo, era la descarga emocional. En muchas ocasiones, esto parecía adecuado, como si en ese momento la persona necesitara precisamente golpear y gritar. El caso era mover el cuerpo y mover las emociones, en el entendido de que lo estancado era enfermo y el movimiento y la expresión eran prerrequisito para la sanación. Sin embargo, a veces el movimiento era tanto que no se podía asimilar. Una de las entrevistadas recuerda:

> Fue tanto lo que se movió ahí, lo que viví ahí. ¡Ay! es que me vienen las imágenes de tanto que viví ahí. (…) Bueno, si te lo digo en mi experiencia, el haber entrado a la locura y no haberme quedado ahí. (Risas) Es que fue tan fuerte, tanta cosa. Entonces creo que si ya atravesé por esto, no pasa nada. Se tocaron núcleos muy fuertes. Que si me quedo, bueno, yo con la experiencia del entrenamiento X, diría "Aguas con la no integración". O sea, está bien desbloquear pero hay que balancear con cerrar.

> Le faltó contención a mi psicoterapeuta. Creo que muchos de los que trabajan en lo corporal, aprenden herramientas para abrir a la persona para que entre en el dolor, vea qué hay, y después ya no saben cómo revisarlo, resignificarlo, integrarlo, para la vida cotidiana (Deyanira).

Con el tiempo abandonaron estas prácticas, que ahora cuestionan. Eugenia recuerda:

Como fuera, tenías que pegar, llorar, gritar y eso tenía un gran valor en el grupo porque te estabas desbloqueando. Ibas a llegar a algo. ¿No? Y el que más llegaba *a algo*, pues más valor tenía. ¡Qué intenso! En realidad, quién sabe a qué ibas a llegar porque si puedo decir ¡ah! pero mm, no creo que haya funcionado así. (…) Y eso eran los talleres: como hacer prácticas intensivas que incluían que los que asistían tuvieran descargas emocionales *muy intensas*.

Y más tarde añade:

Sí creo que pueda enriquecer a alguien tener una descarga alguna vez en su vida. Sí, por supuesto, pero… entonces se compara con ir de reventón: "Nunca había bailado, bailé y me divertí muchísimo. Hizo una diferencia en mi vida".

Por su parte, Marisa, al reflexionar sobre las debilidades de su formación inicial, afirma:

…había una sensación de que sólo gritando, golpeando o llorando podías lograr el cambio y muchas veces eso se me hacía violento y no todas las personas querían "raquetear" (golpear con la raqueta para sacar las emociones y movilizar los bloqueos corporales).

Pero la época salvaje no sólo tenía que ver con técnicas catárticas, sino –como recuerda Gerardo–, con el "estilo directivo e interpretativo" que hacía que, de acuerdo con Marisa, el terapeuta supiera más que el cliente sobre él mismo y llevara una agenda propia.

La dirección del cambio implica restarle importancia a las técnicas, catárticas o no, para destacar la importancia de la actitud del terapeuta y de construir una relación de colaboración con sus consultantes. Como dice Marisa: "Mira, yo estoy de acuerdo con lo que plantea Hakomi, que lo que sana no son las técnicas, sino la relación".

El proceso de integración implica también un cambio en las prioridades. Al igual que muchos psicoterapeutas de otros países (Kurtz, 1990, Greenberg, 2001), las entrevistadas aprendieron habilidades, es decir, técnicas de intervención para obtener resultados. Recordando su trayectoria, todas insisten en que faltaba integrar todo lo que sucedía en los distintos entrenamientos que tomaron.

Habiendo pasado por esas experiencias, ahora coinciden en que las técnicas y las estrategias psicocorporales se deben emplear en el contexto de una relación terapéutica de respeto y empatía, y no para satisfacer la agenda de terapeutas violentos o centrados en sí mismos o para "abrir" emociones y despertar recuerdos que luego no se elaboran.

> Y ahí tampoco en [menciona un programa de formación] me sentí cuidada. ¡Sálvese quien pueda! Porque además el maestro se iba, andaba aquí y andaba allá, entonces te hacían una sesión con alguien que sabía igual o menos que tú (con algún compañero de curso). ¿Y cómo quedabas? Quedabas cuarteada. Y hasta la siguiente vez que tocaba que viniera el maestro, pero no había este pastoreo, que es lo que yo cada vez más me doy cuenta de la importancia que tiene. Entonces, cuando el maestro venía era intensidad y luego nada. Como pasaba con mi papá (Nadia).

Los testimonios dan cuenta de los riesgos de las sesiones intensas y aisladas que ocurrían en algunos programas de formación de la época salvaje.

Se trataba de "mover" a como diera lugar, pero no había una relación terapéutica o seguimiento. El abandono y descuido de los psicoterapeutas itinerantes podía revivir viejas heridas y, en todo caso, la asimilación de las experiencias se dejaba al tiempo.

Finalmente, la importancia de las técnicas pasó a segundo plano. Si en el pasado fueron rudas o salvajes , en la actualidad se centran en aprender actitudes o principios y en cuidar la relación terapéutica.

> Es que yo veo mi camino y digo, fue tan perfecto. O sea, primero esta parte, ¿cómo podríamos decir? Ruda, ¿no?, ruda, trabajo rudo en la parte corporal. Después se complementa con Gestalt desde la parte del encuentro con el otro. Luego con la parte de teoría general de sistemas, muy bien, se amplía y con Hakomi se redondea perfecto, porque ya es quitar todo eso que aprendí para quedarme con el otro.

> Y lo demás se tiene acceso a él solo, me explico, Hakomi lo que me dio es *quedarme* en la relación simplemente. Pero me quedé en Hakomi

por la parte amorosa, porque da lo que faltó, porque lo que necesi-
tamos es este rollo cálido, de la relación y de lo que faltó, y si, como
plantea Ron, es este, las técnicas se hacen a un lado; no son lo importante, sino la relación (Marisa). Para mí, creo que el punto fundamental tiene que ver con la actitud y la intención del terapeuta (…) A mí
me parece que el punto uno, el punto primero de referencia, o sea, es
la *intencionalidad* y la actitud misma del terapeuta. Desde una intencionalidad alineada en la no "violentación", puedes usar la mayoría de
todas esas técnicas (respiración, masaje) (Gerardo).

Yo realmente he ido tomando más cuidado con la gente. En (el libro)
La teoría general del amor me di cuenta de que la presencia y la relación
cambian las redes neuronales, cambian el patrón relacional. ¡Qué responsabilidad! (Nadia).

Resumiendo, y en palabras de Greenberg (2001), el énfasis pasa del
hacer *(doing skills)* al ser *(being skills)*. Cada una de ellas, en sus propias
palabras, afirma que en su trabajo actual, la actitud del terapeuta es más
importante que las técnicas utilizadas.

Reflexiones sobre su práctica actual

Sobre el tipo de personas a las que atienden

A todas las participantes se les preguntó qué tipo de personas atienden.
Sus respuestas son similares a las que se esperarían por parte de terapeutas de otras orientaciones:

Atiendo solamente a adultos, de ambos sexos, con diferentes oficios,
como trabajadores de oficina, artistas, dueños de empresas, maestros,
etc. Son personas a las que en algún momento en su vida las cosas ya no
les funcionan tan bien como les funcionaban y quieren hacer cambios
en ellos mismos o están en crisis emocionales, confusiones, queriendo
decidir cosas nuevas, cuando no saben cómo solucionar sus asuntos
personales, cosas cotidianas de la vida donde desean un apoyo para salir
de sus situaciones y moverse hacia otras más amables. Algunos vienen
con una demanda específica, como trabajar una emoción que se ha

salido de control, o en crisis por una situación presente, porque tienen una mala relación con alguno de sus seres queridos, porque se acaban de divorciar y la están pasando mal, porque se pelean mucho con su marido, etc., y otros vienen porque quieren iniciar un proceso personal. Otros me son remitidos de diferentes escuelas de entrenamiento donde se les pide un mínimo de sesiones como requisito en su entrenamiento y luego se quedan a vivir un proceso de crecimiento personal (Marisa).

La mayoría de las personas que recibo en psicoterapia vienen en busca de un proceso de crecimiento personal, quizás un 30%, me buscan específicamente por el tema de psicoterapia corporal, aunque muchas veces no saben de qué se trata (alguien les dijo que les conviene, alguien me recomendó como tal). Llego a tener un porcentaje muy bajo de personas con disfuncionalidades de la personalidad más serias y que requieren apoyo psiquiátrico (trabajo en mancuerna con un psiquiatra en estos casos), quizás un 5-10% de las personas (Gerardo).

A mí me llega pura gente, bueno, yo digo que padrísima. Son personas muy brillantes, a veces demasiado brillantes para mis dudas, ¿no?, pero con una escolaridad muy alta, con un nivel socioeconómico muy alto, en general. Están reaccionando de una manera rapidísima, por lo que yo soy la primera sorprendida. Y es que, como te he dicho en otras ocasiones, no sé si lo que hago es terapia, o qué. Sin embargo, ellos vienen y me parece muy importante la intención. La intencionalidad del consultante es lo que le da el destino. Entonces, ellos vienen por todo (Nadia).

Evidentemente, no es fácil hacer generalizaciones acerca de las personas que acuden a la consulta de las entrevistadas, salvo que todas hablan de personas "que necesitan que algo cambie" o "a un proceso de crecimiento personal". Dos de ellas mencionan a estudiantes de diferentes escuelas de psicoterapia, a quienes les piden que experimenten un proceso como parte de los requisitos de formación. Sólo una habla de "disfuncionalidad". La práctica de las participantes no tiene nada que ver con psicoterapia validada empíricamente. Sería muy difícil, si no imposible, investigar la eficacia de estos procedimientos, en la medida en que no trabajan con personas que acuden con demandas específicas de trastornos claramente definidos por los manuales psiquiátricos.

Sobre las ventajas de trabajar con el cuerpo

A pregunta expresa sobre las ventajas de trabajar con el cuerpo, las entrevistadas responden:

> A mí me interesa mucho el cuerpo, las tripas y todo lo demás. Pero todo está en el mismo paquete. Ahí hay una vida emocional, una vida mental, y se mueven los bloqueos, y sale el origen y la gente llora si necesita llorar, o patea, o… que no lo uso tanto, pero siempre lo tengo como en el cajón de juguetes. (…) Pues mira, cuando yo toco a una persona, percibo la densidad, ¿no? Y entonces me doy cuenta de dónde están los bloqueos, que si están aquí en el esternón, y luego el diafragma y en los ligamentos del corazón que se apoyan en el diafragma. Es como si, de alguna manera, la mano fuera recibiendo el dato. Y, bueno, ya aprendiste la anatomía, pero es como, por un lado acceder a un campo, mira, yo lo visualizo como si fueran mallas. Y cuando hay una defensa muy grande, la malla se hace así de chiquita, te aprisiona y en el momento que empieza a soltar, se va como abriendo espacio en esa malla y todo vuelve a pulsar, a vibrar, se empieza a mover, como si saliera de un letargo propio de la Bella Durmiente (Nadia).

De las entrevistadas, Nadia es la más "corporal", pues trabaja a partir del contacto físico, habiendo hecho su propia síntesis de Integración Postural y la Terapia Craneosacral. Cuando habla de su forma de trabajo, a menudo se refiere a los tejidos y a los órganos, a su función pulsátil y a las relaciones del cuerpo con las emociones. También Eugenia destaca la relación del cuerpo con las emociones, destacando la consciencia que no siempre se da en otro tipo de disciplinas.

> ¿Y qué ventajas le veo al trabajar con el cuerpo? Pues, en tanto no hay otro lugar para habitar que el propio cuerpo, creo que si la persona se puede sentir mejor en su cuerpo, está mejor en todos lados. Entonces, tener más consciencia, tener mejor respiración (…) Al hacer aeróbics, tai chi, yoga, no siempre tiene que ver con tener consciencia de tus emociones, y creo que es muy diferente cuando alguien dice "Me estoy angustiando, a ver, esto ya lo conozco, me está pasando otra vez", que cuando alguien hace cosas para no sentir. Creo que es una perspectiva totalmente diferente. Yo voy al gimnasio. La experiencia de ir al gimnasio en general es de tensión-relajación. Vas y haces un ejercicio, y dices

"hasta aquí porque si no, me duele", y luego lo que sigue es sentir la sangre que corre por el músculo y luego la relajación, y a eso se limita la experiencia del cuerpo, pero no tienes consciencia de que eso tenga que ver con ningún otro tipo de experiencia. "Cuando me asusto, dejo de respirar, y ¿para qué me sirve o para qué lo hago?" Pues es que no te puedes relacionar si no es con el cuerpo, no puedes vincularte si no es con el cuerpo. Bueno, aun la computadora más avanzada re quie:re que hagas ciertas cosas a través del cuerpo para vincularte. El afecto va a través del cuerpo.

Por su parte, Gerardo afirma que el trabajo con el cuerpo "siempre está presente" y lo define profesionalmente.

Si tuviera que ponerme una etiqueta, realmente me denominaría más holístico o integral. Realmente me veo trabajando con todos los diferentes niveles de la personalidad que Core propone: cuerpo, emociones, mente, intencionalidad y espíritu. Ciertamente, muchas veces mi puerta de entrada es a través del cuerpo, y la metodología corporal-energética está siempre presente en lo que hago. Creo que por incluir de manera importante (mas no única), el trabajo con el cuerpo, y como una forma de diferenciación e identidad profesional, es que he mantenido la etiqueta de psicoterapeuta corporal.

Por último, dos de las participantes destacan la importancia del cuerpo como fuente de información "psicológica" más allá de las palabras:

Hay momentos en los que el paciente habla de una etapa donde no hay palabras y donde nos podemos ir de lo simbólico a un punto donde desde su cuerpo está registrada su memoria y donde podría haber índices de imaginario para poder llegar a una representación y así poder resignificar. Eso me dio armas (…) Experiencias como trabajar con mis pacientes y de verdad descubrir secretos, que yo decía: aquí hay algo, aquí hay algo, pero no se sabe con la palabra, no se llega, y entonces pasar al cuerpo, pasar a lo energético y encontrar cosas que él no se atrevía a recordar, muy dolorosas, ¿no? y que a él le hacen mucho sentido. Es como que esa pieza por fin aparece y ya se puede hacer responsable de eso, construir algo a partir de que ya sé desde dónde viene su dolor. Sí, sí, muy efectivo (Deyanira).

...el lenguaje corporal no miente; si está triste se verá reflejado en el cuerpo, en los gestos, en los ojos, etc., aun cuando la persona diga que está contenta (Marisa).

Sobre la integración

Las historias de nuestras cuatro psicoterapeutas concuerdan con los hallazgos reportados por Norcross (2005a). La insatisfacción con sus marcos teóricos las motivó a buscar la integración de conceptos y técnicas procedentes de otras corrientes. Según él, entre 85% y 90% de los psicoterapeutas han integrado varios enfoques a su práctica.

En principio, y todavía siguiendo a Norcross, nuestras informantes podían situarse en el eclecticismo técnico, es decir, una forma de integrar diferentes corrientes terapéuticas en la que usaban procedimientos de diversas fuentes sin que necesariamente se apoyaran en la teoría que las originó. Después tres de ellas parecen haber seguido el camino de la integración teórica, sintetizando dos o más teorías mientras la restante manifiesta haber encontrado un eje "como un árbol de Navidad al que se le cuelgan adornitos", en donde los adornos son conceptos y técnicas de otras modalidades.

En resumen, cada una de ellas ha hecho, y sigue haciendo, una síntesis personal en la que lo aprendido en las diferentes formaciones y talleres se integra de un modo coherente para ellas. Los episodios recordados, las teorías y técnicas aprendidas, se han modificado, refinado o combinado en un proceso identitario tanto personal como profesional. Se trata de un proceso siempre inconcluso. Independientemente de las virtudes de algunos de los programas que las entrevistadas cursaron y de la defensa que ellas hacen de los mismos, un solo programa no basta: todas consideran que siguen aprendiendo.

Sobre el significado del trabajo

La pasión que sienten por su trabajo como terapeutas es evidente tanto en el discurso como en la expresión corporal de las entrevistadas. No se trata de una chamba, sino de una actividad en la que ponen en juego sus conocimientos y su experiencia. Incluso, en el caso de Nadia, al trabajar siente un estado de consciencia que Csikszentmihalyi (2003) calificaría como flujo, un estado en el que sus capacidades están a la altura de los desafíos que se presentan en cada sesión, en donde ponen en juego las habilidades que más valoran y sienten que dan lo mejor de sí.

En el momento en que entro a trabajar, entro en una impecabilidad que ayuda. Digo, por supuesto que la riego, pero digamos la tónica sería esa (Nadia).

El acompañar a sus consultantes, el ver sus logros, les nutre:

(…) acompañar a las personas, disfrutar de su trabajo también. Ay, hasta me mueve la pregunta porque me encanta, siento cada vez más ternura ante los clientes, me enternecen sus dificultades. Bueno, es que ayer tuve muchas sesiones y fueron todas tan bonitas que quedé súper satisfecha, muy contenta y en todas veo dónde estuve con cada una y ahorita es una etapa como de mucha integración. Fíjate que cada cliente, cada experiencia que tengo me son tan nutritivos, porque siento que todo se redondea (Marisa).

…de lo que practico y más me gusta es como restablecer cosas –digo, restablecer partiendo del principio de que en algún momento fuiste más sano, más flexible, más completo– que pueden darte una sensación de satisfacción, de completud, que puedan darte pequeñas felicidades en la vida. Es muy gozoso poderlo trabajar a través del cuerpo y lograr ¡ah! restablecer una conexión que naturalmente estaba ahí. Para mí, es algo que tiene que ver con disfrutar esta manera de hacer (Eugenia).

En conclusión, todas reportan que siguen aprendiendo y que tienen una moral positiva que resulta de su apertura y motivación para su trabajo como psicoterapeutas. Su desarrollo corresponde al Ciclo Positivo de Desarrollo del que hablan Orlinsky y Ronnestad (2005b). Sus habilidades han cambiado para bien y perciben que sus relaciones con sus consultantes son efectivas y sanadoras. Sin duda, su formación no fue ortodoxa. No cumplió con las normas académicas, pero cada una ha logrado hacer una síntesis coherente de diferentes teorías, métodos y técnicas y puede ser considerada como una profesional de la psicoterapia.

La consciencia histórica

Los relatos de las entrevistadas dejan claro que cada una de ellas relaciona su pasado con su presente y su futuro y que, al recordar su trayectoria en la psicoterapia corporal, buscaron darle coherencia y significado al tiempo vivido. Se trata de narrativas hechas en las que el pasado se interpreta en función del presente, como de hecho sucede en todas las reconstrucciones históricas. Así, en algunas de ellas, lo accidental o coyuntural se vuelve necesario, a la vez que los eventos que pueden parecer discontinuos se trasforman en una secuencia y hasta lo que aparenta estar fuera de lugar se vuelve coherente. Recordemos el testimonio de Marisa:

> Es que yo veo mi camino y digo, fue tan perfecto. O sea, primero esta parte, ¿cómo podríamos decir? Ruda, ¿no?, ruda, trabajo rudo en la parte corporal. Después se complementa con Gestalt desde la parte del encuentro con el otro. Luego con la parte de teoría general de sistemas, muy bien, se amplía y con Hakomi se redondea perfecto (…). Es como lo que se necesita para esta ensalada esto y salen esos ingredientes y salen solitos.

El relato de Deyanira también da fe de la búsqueda de coherencia, continuidad y significado:

> Cuando tomé los talleres ya había tomado Gestalt y había terminado Desarrollo Humano. Eso ya te da otra cosa, la verdad es que la psicoterapia corporal tiene todo esto. Y ahora que estoy estudiando algo de psicodrama también veo que todos tomaron de Moreno. La verdad (risas). La Gestalt. Fue el primero que dijo que la espontaneidad y el juego te llevaban a la vida, a pensarla, a repensarla e incluso a encontrar las soluciones, ¿no? Ahora que estoy en Psicodrama sí que estoy bien corridita en muchas situaciones. Nos dan año y medio, Jaime Winkler y Yuyo. Y bueno, seguí con lo corporal y la misma Ilse trae a John Pierrakos y también soy de la primera formación de John Pierrakos y me gusta porque para mí fue punto y seguido. Para mí, la integración ha sido siempre punto y seguido. Si te fijas, es el enfoque centrado en la persona: respetar que el otro sabe más de sí mismo, o que hay una

sabiduría organísmica. Viene del organismo, es biológica, ese impulso viene y te va llevando a hacerlo escuchar, o sea, a aprender a cómo pararse y hacer contacto con eso. Después viene la Gestalt que son señalamientos, y la escucha, la empatía. es más de lo corporal; luego lo corporal que me permite ir más a lo no verbal e incluso a etapas anteriores y hacer regresiones y después la Core energética, donde se abre lo de psicología transpersonal. Es decir, todo esto tiene que ver con un desarrollo espiritual que además está en el cuerpo.

Incluso las experiencias aparentemente negativas cobran sentido ya que se aprende de ellas:

> Pero si a veces yo sufría las sesiones. Eran muy confrontantes. (…) La verdad, qué bueno que las pasé porque uno también aprende de eso (Deyanira).

Al darle sentido a la experiencia temporal, Marisa relata que ha cambiado, dejando atrás formas de trabajo que implican adherencia a una tipología. Sin embargo, considera que haber pasado por eso fue un paso necesario para llegar a ser lo que es ahora:

> …ya no estaba en eso [se refiere a que ya no estaba en un marco conceptual en donde se hacen diagnósticos basados en la caracterología de Lowen]. De eso ya no haría. Creo que cada época trae su propio modelito de moda, pero de moda porque es lo que está acorde con la época. Ya si lo quieres traer de atrás para adelante como que no embona tan bien. Creo yo. Bueno, porque todo va evolucionando, ¿no es así? Pero sí, yo siento que soy esto por lo de aquello (risas).

Aunque en el consentimiento informado se les indicaba explícitamente que no se preguntarían aspectos personales, en algún momento todas las entrevistadas se refirieron a su pasado, no sólo en cuanto a su encuentro con la psicoterapia corporal sino relacionando su vocación con circunstancias personales. Recordemos que Nadia dice que "venia de Celaya, Guanajuato, y había que romper", que Marisa manifiesta que "ya quería salir de las empresas" y que Eugenia recuerda que vivía "en el posthipismo mexicano".

Las narrativas de las participantes hablan de su formación como psicoterapeutas como un proceso inconcluso y eso es, precisamente, lo que las define. Así, para Nadia, el definirse implicaría "cerrar la puerta" e inmovilizarse:

> Nunca me recibo, nunca me certifico y últimamente, por ejemplo, en la última certificación de craneosacral digo ¿por qué no me certifico? y me doy cuenta de que es porque siento que automáticamente yo –así como cuando me casé, automáticamente me cayó el rol encima–, si me certifico y digo "yo hago terapia craneosacral", en ese momento se cierra la puerta y no puedo seguir adelante. No quiero cerrar la puerta. Cada vez descubro cosas más interesantes (risas) ¿ves? (…) Al mismo tiempo que no soy nada, al mismo tiempo traigo todo (Nadia).

Por su parte, Deyanira, quien estudió psicología, maestría en Desarrollo Humano, Gestalt, psicoterapia corporal, Core energética, Psicoterapia Familiar, Psicomotricidad, el Método Feldenkrais y Psicoanálisis, declara:

> La psicoterapia corporal es una combinación de cosas… pero sigo integrando elementos y todavía no termino de sentirme satisfecha. Todavía no estoy satisfecha. Hasta que me muera.

Concluyendo, las entrevistadas se formaron como psicoterapeutas en contextos y conforme a procesos que probablemente son diferentes de los que ocurren en otras corrientes psicoterapéuticas. En su proceso de formación desde el primer taller hasta el momento actual, las participantes adquirieron conocimientos prácticos y teóricos diversos y a veces contradictorios, descubrieron aspectos –que podían ser difíciles o dolorosos– de sí mismas y pasaron por experiencias emocionales intensas. Tanto los conocimientos como las habilidades y experiencias debieron integrarse para formar una nueva identidad personal y profesional. Esto implicó asimilar mucha información, tanto a nivel afectivo como cognoscitivo. Algunas de las formas de intervención aprendidas al principio se descartaron, otras nunca se usaron y otras, en fin, parecen utilizarse como parte de una forma personal de trabajar. Lo mismo sucede con los conceptos. Las entrevistadas se han quedado con algunos mapas conceptuales y han combinado otros hasta consolidar un marco teórico muy personal, que sigue abierto a nuevas ideas.

La formación de psicoterapeutas

En este orden de ideas, y aunque los resultados sólo se refieren a la trayectoria y la práctica de cinco psicoterapeutas, no se trata de una historia que pasó, sino de cosas que siguen pasando. En México, muchas personas todavía inician su formación en psicoterapia corporal con énfasis en la práctica, aprendiendo (mal) técnicas diseñadas para provocar descargas emocionales sin siquiera conocer el sustento teórico que tienen. Como ya vimos, las entrevistadas, en particular las que no habían realizado estudios previos en psicología, no tenían, en principio, la intención de formarse como psicoterapeutas. Sólo una de ellas se inscribió en una escuela de psicoterapia después de estudiar psicología, tal como era la norma para otras orientaciones terapéuticas hasta mediados de la década de 1970. En cambio, empezaron a formarse mediante talleres y programas que destacaban la práctica y el crecimiento personal en detrimento de la teoría, lo cual parece caracterizar a la psicoterapia corporal o, más ampliamente, a los enfoques experienciales que surgieron en el contexto del Movimiento del Potencial Humano (Ortiz, 1998), como se trató en el Capítulo 5. Esto contrasta con la formación profesional reportada por psicoterapeutas estadounidenses que consideran que participar en talleres fue importante para su formación, pero los tomaron cuando ya habían terminado su entrenamiento en psicoterapia (Godfried, 2001; Mahoney, 2001; Wolfe, 2001).

Así como hay diferencias en los procesos de formación, también hay una semejanza muy evidente. Tanto nuestras entrevistadas como los psicoterapeutas estadounidenses cuyas trayectorias se recopilaron en Godfried (2001) sintieron en algún momento que su formación inicial no era suficiente y subsanaron estas carencias tomando más cursos hasta lograr una síntesis muy personal.

Por eso los resultados de este trabajo apuntan a una reflexión en cuanto a la estructura y el contenido de los programas de formación en psicoterapia, tomando como ejemplo la de orientación corporal. La falta de regulación —y sobre todo de autorregulación tomando en cuenta que vivimos en un país en donde las leyes no siempre se cumplen— ha provocado que cualquiera abra una escuela de psicoterapia (o de psicología); que haya personas muy mal preparadas que dan clases en las mismas[16] y que los requisitos de admisión estén más en función de aumentar la matrícula que de asegurarse que los candidatos cumplan con un mínimo de condiciones para cursar estudios que no son suficientes para ejercer una profesión.

Independientemente de la regulación, cada escuela y cada psicoterapeuta deben conocer sus alcances y limitaciones. No se trata de que no haya práctica, o de que la enseñanza de la psicoterapia siempre deba ocurrir en un ambiente escolarizado, sino de que se conozcan los orígenes y fundamentos conceptuales de las respectivas escuelas y de que el aprendizaje de métodos y técnicas se vea retroalimentado por la investigación (Hubble, Duncan y Miller, 1999/2002).

Es necesario incluir la enseñanza de conceptos básicos de la psicoterapia que, en palabras de las entrevistadas, no se cubrían en los entrenamientos que cursaron. Recordemos que cuatro de ellas aprendieron que era necesario un encuadre, o aspectos tan elementales como la entrevista, en un tercer programa de formación que no era típicamente corporal (Gestalt o Psicodrama). En muchos programas (y no sólo en psicoterapia corporal, como muestran los resultados) se subraya lo específico de cada escuela, en detrimento de las bases generales de todo proceso terapéutico.

¿Quién puede ser psicoterapeuta?

En ese sentido, esta investigación puede aportar datos para el debate en torno a si la práctica de la psicoterapia debe restringirse a los egresados de licenciaturas en medicina o psicología, o a quienes han terminado la especialidad de psiquiatría o una maestría en psicología. La cuestión es si la psicoterapia es una actividad exclusiva de los psicólogos, en cuyo caso se excluyen otros profesionistas, o si es una profesión con características propias (Young, 2007b).

---

[16] Como ejemplo está el testimonio de Eugenia: "Hace un mes —no creas que hace un año ni 10 años—, di una clase de desbloqueo reichiano y me dijeron que de dónde venía el nombre y cómo se había desarrollado" y para salir del paso contesté '¡Ya deja de interpretar y métete a tus sentimientos!', pero la verdad es que no sabía, ¿no? Y yo creo que eso pasa a veces, que el que está enseñando no sabe bien cómo, cuál es el origen de lo que está enseñando, cómo se estructuró, qué quiere decir y cómo se ha desarrollado".

En México, como en muchos otros países, es común que los psico-terapeutas se molesten cuando se habla de que hay quienes trabajan en esa profesión sin haber estudiado psicología o psiquiatría. Esta situación no es nueva. Recordemos que Freud (1926/1968) afirmó que el ser médico no era un requisito indispensable para ser psicoanalista, sino que lo importante es que estuvieran bien formados. De hecho, le preocupaba que el psicoanálisis cayera en manos de los médicos. Al leer las narrativas de cuatro de las participantes, ninguna de las cuales tenía licenciatura en psicología, los excesos de las fases iniciales de su formación podrían haberse evitado si hubieran tenido esa formación académica. Sin embargo, el material aportado por la quinta participante, psicóloga, no muestra diferencias importantes respecto a las experiencias de formación. Todas hablaron de programas que incluyeron enseñanzas y experiencias irrelevantes o aun nocivas. Algunas veces tuvieron que soportar a maestros autoritarios e incluso abusivos, y todas pasaron por experiencias dolorosas y difíciles de asimilar. Pero, ¿no es ese el caso con algunos cursos de licenciatura o posgrado? Lo mismo puede decirse de la falta de estructura en los programas. Quienes estudiamos y hemos impartido clases de psicología en dos o más instituciones de enseñanza superior sabemos bien de planes de estudio hechos "sobre las rodillas", según las preferencias del grupo dominante de alguna universidad (o como resultado de negociaciones entre grupos) y siguiendo la moda de otros países o que fueron sostenidos por los grupos de poder hasta la obsolescencia. También hemos visto la proliferación de escuelas de psicología (de cinco escuelas en 1964 se ha llegado a 540 programas de licenciatura con validez oficial [Lagunes, 2009]) y de la deficiente preparación de algunos profesionales egresados tanto de las universidades de absorción de demanda residual [17] como de las más conocidas o prestigiosas.

El hecho de que las cuatro entrevistadas que no tienen licenciatura en psicología[18] sean psicoterapeutas exitosas, con muchos años de expe-

---

[17] Este término se usa para designar a las universidades privadas que captan alumnos que no fueron aceptados en las instituciones públicas de enseñanza superior, como la UNAM o la UAM, pero que no cuentan con recursos para pagar las colegiaturas de universidades como la UIA, la Anáhuac o la UDLA. Levi (1995), quien acuñó la expresión, también las denomina "opciones privadas no elitistas". Popularmente se les conoce como "patito".

[18] Como se dijo antes, una de las entrevistadas concluyó la licenciatura en psicología

riencia y con la disposición de seguir aprendiendo después de completar varios programas de formación reafirma la posición de Freud: lo importante es que los psicoterapeutas estén bien preparados, independientemente de su formación previa. Además de la formación académica, la formación debería incluir la terapia personal. Los resultados acumulados de la investigación indican que la terapia personal es una experiencia emocionalmente vital y formativa que debería ser central en el desarrollo de los psicólogos dedicados a la salud (Norcross, 2005b).

En México, la tendencia parece ser la promulgación de leyes en las que se exigen requisitos académicos. En 2011 la Asamblea de Representantes del Distrito Federal aprobó la Ley de Salud Mental del Distrito Federal. El Artículo 24 dice a la letra:

> El psicoterapeuta debe ser psicólogo con cédula profesional y con estudios de postgrado en psicoterapia, realizados en instituciones que cuenten con validez oficial.

Aparentemente no existen leyes similares en todos los estados de la república, y la mayoría de los psicólogos de la capital del país no conocen esta ley.[19] En Jalisco para ser psicoterapeuta hay que tener:

> Título profesional, cédula profesional y en su caso, certificados de especialización expedidos y registrados por las autoridades educativas y de profesiones competentes, con la finalidad de que el usuario y la autoridad corroboren que es un especialista en la materia de salud mental.

Es muy probable que otros estados de México aprueben leyes similares y tal vez eso ayude a disminuir el número de escuelas improvisadas o poco serias de psicoterapia. Así se establecerían requisitos de ingreso y certificación para los psicoterapeutas, pero siempre habrá quienes trabajen al margen de las normas. Es de esperarse que, como ha sucedido en Europa, las diferentes escuelas e institutos cabildeen para conseguir re-

---

el año pasado.

[19] En febrero de 2015 hice una encuesta informal entre amigos y conocidos. De los residentes en la Ciudad de México, la mayoría no conocían la ley. Contestaron además personas de cinco estados y sólo en uno hay una ley similar. Aunque la muestra es pequeña y desde luego no significativa, da una idea del desconocimiento de esta ley.

conocimiento y, tal vez, impedir que se reconozca a sus rivales.

Independientemente de la regulación, los resultados de esta investigación apuntan a la necesidad de más formación y del trabajo supervisado. Más allá de los requisitos formales y de la orientación teórica inicial, un solo programa no basta y, de hecho, es poco satisfactorio conformarse con un programa de formación. Según Norcross (2005), entre el 25 y el 50% de los psicoterapeutas estadounidenses –los datos varían según diferentes estudios– no se sienten identificados con una escuela y prefieren considerarse eclécticos. La única variable demográfica que distingue a los psicoterapeutas que han hecho síntesis de diferentes enfoques de los que se adhieren a una sola escuela es la experiencia. Con los años, los psicoterapeutas se topan con problemas o situaciones para los cuales no estaban preparados, al tiempo que descubren nuevas formas de trabajar y eso les hace integrar diferentes orientaciones. El campo de la psicoterapia corporal no está unificado de forma teórica o metodológica, como sucede con la psicoterapia en general, de modo que cada profesional debe lograr una síntesis coherente. Es posible que, después de años de experiencia, muchos terapeutas terminen haciendo casi lo mismo aunque utilicen el lenguaje especializado de su escuela (Gendlin, 1996).

Los resultados de este estudio se pueden relacionar con las investigaciones de Ericsson, Prietula y Cokely (2007), quienes encontraron evidencia de que aun las personas más talentosas requieren por lo menos diez años de práctica propositiva antes de alcanzar la excelencia. Ahora bien, aclaran que no se trata de hacer lo mismo de la misma manera durante mucho tiempo, sino de reflexionar acerca de la tarea e intentar conscientemente formas de lograr hacer cosas que uno no pudo hacer antes, obligándose a ir más allá del nivel de confort y bajo la guía de un maestro experto que brinde retroalimentación.

Eugenia, una de las participantes, coincide en parte con Ericsson:

En general, los programas de formación ofrecen "tres años y ya estás". En realidad, toma mucho más. Sigues aprendiendo, pero con menos avidez. Pienso que toma como diez años. Al principio *todo te cambiaba* y se decía "Vamos a hacerlo de esta manera; ahora, vamos a hacerlo de esta otra manera". Y gradualmente desarrollas tu propio estilo. Sigues cambiando, pero sólo un poco.

BIBLIOGRAFÍA

Abraham, K. (1927), *Psicoanálisis Clínico*, Hormé, Buenos Aires.

Aguilera, G. A. (2005), *Proceso de estructuración e institucionalización del campo académico del desarrollo humano en el* ITESO *(1995-2005)*, ITESO, Guadalajara, México.

Alexander, F. y T. French (1946). *Psychoanalytic Therapy: Principles and Application*, Ronald Press, Nueva York, en http://www.psychomedia.it/pm/modther/probpsiter/alexan-2.htm, consultada el 29 de junio de 2009.

Anderson, H. (2003), *Some Notes on Listening, Hearing and Speaking and the Relationship to Dialogue*, recuperada de http://www.harleneanderson.org/articles/newbatch/Dialogue%20-%20listening%20speaking%20hearing.pdf el 18 de diciembre de 2014.

Anderson, H. y D. Gehart (Eds.) (2007), *Collaborative Therapy. Relationships and Conversations that make a Difference*, Routledge, Nueva York.

Aposhyan, S. (2004), *Body-Mind Psychotherapy*, W. W. Norton, Nueva York.

ASAMBLEA LEGISLATIVA DEL DISTRITO FEDERAL, V LEGISLATURA (2011), *Ley General de Salud Mental del Distrito Federal*, Gaceta Oficial del Distrito Federal, 23 de febrero de 2011.

Asay, T. P. y M. J. Lambert (1999), "The Empirical Case for the Common Factors in Therapy: Quantitative Findings", *en The Heart y Soul of Change. What Works in Therapy* (23-55), American Psychological Association.

Back, K. (1973), *Beyond Words. The Story of Sensitivity Training and the Encounter Movement*, Penguin Books, Baltimore, Maryland.

Badenoch, B. (2008), *Being a Brain-Wise Therapist*, W. W. Norton, Nueva York.

Baker, E. (1974), *Man in the Trap. The Causes of Blocked Sexual Energy*, Discus Books, Nueva York.

Baker, E. (1976), "Mis once años con Wilhelm Reich", *Revista de Ciencias Orgonómicas*, vol. I, núm. I, pp. 19-31. Publicado originalmene en *The Journal of Orgonomy*, vol. 10, núm. 2.

Beaney, Michael, "Analysis", *The Stanford Encyclopedia of Philosophy (Winter 2008 Edition)*, Edward N. Zalta (ed.), URL = http://plato.stanford.edu/ archives/win2008/entries/analysis/, consultada el 20 de febrero de 2009.

Bernhardt, P. (2004), "Individuation, Mutual Connection and the Body's Resources: An Interview with Lisbeth Marcher", en I. Macnaughton, *Body, Breath and Conciousness*, North Atlantic Books, Berkeley, California, pp. 93-106.

Beutler, L. E. (2001), "From Experiential to Eclectic Psychotherapist", en M.R. Godfried, *How Therapists Change*, American Psychological Association, Washington, D. C., pp. 205-220.

Blatner, H. (1973), *Acting in. Practical Applications of Psychodramatic Methods*, Springer, pp. 205-220.

Block (2011), http://en.wikipedia.org/wiki/Phenomenal_consciousness, consultada el 26 de agosto de 2011.

Blumenthal, B. (2001), "The Psychotherapist´s Body", en M. Heller (ed.), *The Flesh of the Soul: the Body we Work With*, Peter Lang, Berna, Suiza, pp. 153-160.

Boadella, D. (1976), *Wilhelm Reich. The Evolution of his Work*, Dell, Nueva York.

Borgatti, S., *Introduction to Grounded Theory*, tomado de http://www.analytic-tech.com/mb870/introtoGT.htm el 18 de febrero de 2010.

Bowlby, J. (1969/1988), *El apego*, Paidós, Barcelona.

Bowlby, J. (1973), *La separación*, Paidós, Barcelona.

Bowlby, J. (1980), *La pérdida afectiva*, Paidós, Barcelona.

Bowlby, J. (1988/1989), *Una base segura*, Paidós, Barcelona.

Boyensen, G. (2001), "Body Psychotherapy is a Psychotherapy", en M. Heller (Ed.), *The Flesh of the Soul: The Body we Work With*, Peter Lang, Berna, Suiza, pp. 33-43.

Bronfenbrenner, U. (1979), *The Ecology of Human Development*, Harvard University Press, Cambridge, MA.

Caldwell, C. (1996), *Getting our Bodies Back. Recovery, Healing and Transformation through Body-Centered Psychotherapy*, Shambala, Boston, MA.

Caldwell, C. (Ed.) (1997a), *Getting in Touch. The guide to New Body-Centered Therapies*, Quest Books, Wheaton, IL.

Caldwell, C. (1997b), "The Somatic Umbrella", en C. Caldwell (Ed.), *Getting in Touch. The guide to New Body-Centered Therapies*, Quest Books, Wheaton, IL, pp. 7-28.

Caldwell, C. (1997c), "The Moving Cycle", en C. Caldwell (Ed.), *Getting in Touch. The guide to New Body-Centered Therapies*, Quest Books, Wheaton, IL, pp. 101-116.

Campbell, J. (1962/1985), *The Masks of God: Oriental Mythology*, Penguin, Middlessex, England.

Canetti, E. (1960/1987), *Masa y poder*. Muchnick, Barcelona.

Cassidy, J. y P. Shaver (Eds.) (1999), *Handbook of Attachment*, The Guilford Press. Nueva York.

Cole, J. D. y C. Ladas-Gaskin (2007), *Mindfulness Centered Therapies. An Integrative Approach*, Silver Birch Press, Seattle, WA.

Crespo, M. I., M. A. Pereira, A. Ribeiro y A. M. Rios (2007), "Subtle Touch, Calatonia and other Somatic Interventions with Children and Adolescents", *USA Body Psychotherapy Journal*, vol. 6, núm. 2, 2007.

Creswell, J. (2003), *Research, design. Second Edition*, Sage Publications, Thousand Oaks, CA.

Damasio, A. (1994), *Descartes' Error*, Putnam, Nueva York.

Díaz Cruz, R. (1988), *Archipiélago de rituales. Teorías antropológicas del ritual*, Anthropos, Barcelona.

Di Nuovo, S. y L. Rispoli (2000) "La misurazione dello stress", en S. Di Nuovo, L. Rispoli y E. Genta, *Misurare lo Stress*, FrancoAngeli.

Dychtwald, K. (1977/1983), *Cuerpo-mente*, Lasser Press, México.

EABP (European Association for Body Psychotherapy), http://www.eabp.org/, página consultada el 5 de septiembre de 2008.

EABP (2005), *Forum. The Forum of Body–Psychotherapy organizations*.

Eisenberg, W. R. (coord.) (2007), *Corporeidad, Movimiento y Educación física 1992-2004, Estudios cuali-cuantitativos (2007)*, Tomo I, UNAM, DGNAM, ESEF, COMIE, ISBN 968–7542–41–1, primera edición.

Ekman, P. (1993), *Emotions Revealed*, Holt, Nueva York.

Ekman, P. y E. Rosenberg (eds.) (1997), *What the Face Reveals*, Oxford University Press, Nueva York.

Ericsson, K. A., M. J. Prietula y E. T. Cokely (2007), "The Making of an Expert", *Havard Business Review*, vol. 85, núm. 114.

Erikson, E. (1963/1993), *Infancia y sociedad*, Trad. N. Rosenblatt, Lumen Hormé, Buenos Aires.

Estrada, R. (1987), "Prólogo a la edición en español" de J. Painter (1987), *Integración Postural*, Editorial Pax México, Librería Carlos Cesarman, México.

European Association of Experimental Social Psychology, http://www.eaesp.org/activities/own/awards/tajfel.htm, página consultada el 5 de septiembre de 2008.

Feldenkrais, M. (1972), *Awareness Through Movement*, Harper & Row, Nueva York.

Fernald, P. S. (2003), "Carl Rogers: Body-Oriented Psychotherapist", *USA Body Psycotherapy Journal*, vol. 2, núm. 1, 2003 pp. 24-32.

Fernández, J. F. (2009a), "Las diferentes concepciones del cuerpo en la historia", en el VII Congreso Nacional de Educación Sexual y Sexología, FEMESS, septiembre, Oaxtepec, Morelos.

Fernández, J. F. (2009b), "Las diferentes concepciones del cuerpo en la modernidad", en el VII Congreso Nacional de Educación Sexual y Sexología, FEMESS, septiembre, Oaxtepec, Morelos.

Fisher, R. (2004), "A Different Kind of Presence", *Psychotherapy Networker*, julio/agosto (36-41; 64-65).

Fodor, I. E. (2001), "Making Meaning of Therapy: A Personal Narrative of Change Over 4 Decades", en M. R. Godfried, *How Therapists Change*, American Psychological Association, Washington, DC.

Freud, S. (1894/1968), *Las neuropsicosis de defensa*, Obras completas, Volumen I, Biblioteca Nueva, Madrid.

Freud, S. (1910/1968), *El Análisis Silvestre*, Obras completas, Volumen II, Biblioteca Nueva, Madrid.

Freud, S. (1923/1968), *El Yo y el ello*, Obras completas, Volumen II, Biblioteca Nueva, Madrid.

Freud, S. (1926/1968), *El análisis profano*, Obras completas, Volumen II, Biblioteca Nueva, Madrid.

Freud, S. (1930/1968), *El malestar en la cultura*, Obras completas, Volumen III, Biblioteca Nueva, Madrid.

Gay, P. (1988), *Freud, una vida de nuestro tiempo*, Paidós, Buenos Aires.

Gedo, J. y A. Goldberg (1980), *Modelos de la mente*, Amorrortu, Buenos Aires.

Gendlin, E. (1981), *Focusing*, Second Edition, Bantam Books, Nueva York.

Gendlin, E. (1996/1999), *El Focusing en psicoterapia*, Paidós, Barcelona.

Gendlin, E. (2004), "Introduction to Thinking at the Edge", *The Folio*, vol. 19, núm. 1, http://www.focusing.org/tae-intro.html, consultada el 24 de febrero de 2009.

Geuter, U. (2005), "The History of Body Psychotherapy", en G. Marlock y H. Weiss, *Handbuch der Körperpsychotherapie*, Shattauer, Stuttgart. (La publicación de esta obra al inglés está en proceso. Se cita aquí una traducción provisional del capítulo proporcionada por Halko Weiss.)

Godfried, M. R. (2001), *How Therapists Change*, American Psychological Association, Washington, DC.

Goffman, E. (1959/1980), *The presentation of elf in everyday life,* Penguin, Middlessex, Inglaterra.

Gómez del Campo, J. (1987), "La psicología en el ITESO", *Renglones*, núm. 9, Instituto de Estudios Superiores de Occidente, Guadalajara, México.

Goodrich Dunn, B. y E. Greene (2002), "Voices: A History of Body Psychotherapy", *USA Body Psychotherapy Journal*, vol. 1, (1), 53-117.

Goodrich Dunn, B. (2004), "Therapy in 3D", *Psychotherapy Networker*, julio/agosto 2004, 36-39; 64-65.

Grinder, J. y R. Bandler (1982), *De sapos a príncipes*, Cuatro Vientos, Chile.

Groddeck, G. (1923/1981), *El libro del Ello*, Taurus, Madrid.

Groddeck, G. (1916-1917/1983), *Las primeras 32 conferencias psicoanalíticas para enfermos*, Paidós, Buenos Aires.

Grossman, C. y S. Grossman (1965/1974), *El psicoanalista profano*. Fondo de Cultura Económica, México.

Gunaratana, H. (2003), *El cultivo de la consciencia plena*, Editorial Pax México Librería Carlos Cesarman, México.

Hall, E. T. (1966/1969), *The Hidden Dimension*, Anchor, Nueva York.

Hanna, T. (1991), "Clinical Somatic Education: A New Discipline in the Field Health Care", recuperado el 22 de enero de 2009 de http://www.somatics.com/hannart.htm. Apareció originalmente en *Somatics. Magazine-Journal of The Bodily Arts and Sciences*, vol. VII-1.

Hatfield, E., J. Cacciopo y R. Rapson (1994), *Emotional Contagion,* Cambridge University Press, Nueva York.

Heller, M. (2001), "Presentation: The Organism in Physiology, Body, Flesh and Soul", en M. Heller (ed.), *The Flesh of the Soul: The Body we Work With*, Peter Lang, Berna, Suiza, pp. 9-29.

Heller, M. C. (2007a), "The golden age of body psychotherapy in Oslo I: From gymnastics to psychoanalysis", *Body, Movement and Dance in Psychotherapy*, 2, 1: 5-16.

Heller, M. C. (2007b), The golden age of body psychotherapy in Oslo II: from vegetotherapy to nonverbal communication, *Body, Movement and Dance in Psychotherapy*, 2, 2: 81-94.

Heller, M. C. (2013), "Idealism and The Goals of a Psychotherapeutic Process", *International Body Psychotherapy Journal*, vol. 12, núm. 2, otoño 2013, pp. 9-38.

Hellinge, B. (2009), "El inconsciente colectivo y las relaciones familiares", en Cuadernos de Información y Comunicación, vol. 14, pp. 83-88, consultada el 31 de diciembre de 2014 en *//revistas.ucm.es/index.php/CIYC/article/view/ CIYC0909110083A/7219*.

Hick, S. y T. Bien (Eds.) (2008/2010), *Mindfulness y psicoterapia*, Kairós, Barcelona.

Hilton, R. (2012), "The Ever Changing Constancy of Body Psychotherapy", International Body Psychotherapy Journal *The Art and Science of Somatic Praxis*, vol. 11, núm. 2, 2012, pp. 74-93.

Hladky, F. (1998), "An Interview with Dr. Alexander Lowen", *USABP Journal*, vol. 7, núm. 1.

Hoffer, A. (2003), "Sandor Ferenczi, M.D., 1873-1933", *The American Journal of Psychiatry, 160*(11), 937, recuperado el 29 de junio de 2009, de Academic Research Library (Document ID: 506814801).

Hubble, M., B. Duncan y S. Miller (1999/2002), "Introduction", en *The Heart and Soul of Change. What Works in Therapy* (1-19), American Psychological Association, Washington, DC.

Joachim, I. (2007), *Membership Secretary's Report* (pp. 6-7), EABP Newsletter.

Johanson, G. (1986), "Hakomi in the Trenches", *Hakomi Forum Issue* 4, 8-17.

Johanson, G. y R. Kurtz (1991), *Grace Unfolding. Psychotherapy in the Spirit of the Tao-Te-Ching*, Bell Tower, Nueva York.

John, O. P. y S. Srivastava (1999), "The Big Five Trait Taxonomy", en http:// www.areteed.com/carl/bigfive.pdf, consultada el 5 de agosto de 2009.

Johnson, S. (1985), *Characterological transformation*, Norton, Nueva York.

Johnson, S. (1987), *Humanizing the narcissistic style*, Norton, Nueva York.

Johnson, S. (1991), *The symbiotic character*, Norton, Nueva York.

Johnson, S. (1994), *Character Styles*, Norton, Nueva York.

Joly, I. (1999), Definiciones de Somático, Ecuación Somática y el Método Feldenkrais de Educación Somática, http://yvanjoly.com/front.php?lang=en

Joly, I. (2007), Definición de Educación somática y su inserción en el campo de la somática, en W. R. Eisenberg (coord.) (2007),*Corporeidad, Movimiento y Educación física 1992-2004 Estudios conceptuales*, Tomo I, UNAM, DGNAM, ESEF, COMIE, México, pp. 284-313.

Joly, I. (2008), *Educación somática. Reflexiones sobre la práctica de la consciencia del cuerpo en movimiento*, UNAM/FES Iztacala/Plaza y Valdés, México.

Kabat-Zinn, J. (1990/2003), *Vivir con plenitud las crisis*. Kairós, Barcelona.

Kabat-Zinn, J. (2005/2007), *La práctica de la atención plena*, Kairós, Barcelona.

Kahn Ladas, A. (1998), *"An Appreciation of Alexander Lowen"*, **USABP** *Journal*, vol. 7, núm. 1, pp. 53-54.

Keleman, S. (1985), *Emotional Anatomy*, Center Press, Berkeley, CA.

Keleman, S. (1987), *Embodying experience*, Center Press, Berkeley, CA.

Keleman, S. (1989), *Patterns of Distress*, Center Press, Berkeley, CA.

Kouht, H. (1971), *Análisis del Self*, Paidós, Buenos Aires.

Knapp, M. K. (1980), *La comunicación no verbal. El cuerpo y el entorno*, Paidós, Barcelona.

Koemeda-Lutz, M., M. Kaschke, D. Revenstorf, T. Scherrmann, H. Weiss y U. Soeder (2005), "Preliminary Results Concerning the Effectiveness of Body Psychotherapies in Outpatient Settings – A Multi-Center Study in Germany and Switzerland", *USABP Journal*, 4 (2), vol. 4, núm. 2 (13-32).

Kurtz, R. (1990), *Body Centered Psychotherapy. The Hakomi Method*, Liferythm, Mendocino, CA.

Kurtz, R. (2008a), "A Little History", *Hakomi Forum Issues 19, 20, 21* (7-17), recuperado de *http://www.hakomiinstitute.com/Forum/Issue19-21/2KurtzA-LittleHistory.pdf*

Kurtz, R. (2008b), *Readings*, edición del autor, Asland, OR.

Kurtz, R. y H. Prestera (1976), *The Body Reveals*, Harper & Row/Quicksiver Books, Nueva York.

Kurtz, R. y K. Minton (1997), "Essentials of Hakomi Body-Centered Psychotherapy", en C. Caldwell (ed.), *Getting in Touch. The guide to New Body-Centered Therapies,* Quest Books, Wheaton, IL, pp. 45-79.

Kvale, S. (1996), *Interviews: An Introduction to Qualitative Research Interviewing,* Sage Publications, Thousand Oaks, CA.

Lagunes, I. (2009), "Pasado, presente y futuro de la psicología en México: el papel de la acreditación y la certificación", *Revista de Enseñanza e Investigación en Psicología*, número especial XXXVI Congreso Nacional, México, pp. 9-11.

Langfeld, H., D. Rellensmann, U. Geuter, G. Marlock y H. Weiss (2005), "Genealogy of Body Psychotherapy – A Graphic Depiction", en G. Marlock y H. Weiss (Eds.), *Handbuch der Körperpsychotherapie*. Shattauer, Stuttgart, Alemania. (La publicación de esta obra en inglés está en proceso. Se cita aquí una traducción provisional del capítulo proporcionada por Halko Weiss.)

Latner, J. (1973), *Acting in. Practical Applications of Psychodramatic Methods*, Springer, Nueva York.

Lazarus, A. A. (2001), "From Insight and Reflection to Action and Breadth", en M. R. Godfried, *How Therapists Change*, American Psychological Association, Washington, DC.

Le Bon, G. (1895), *Psicología de las masas*, Morata, Madrid.

Levine, P. (2004), "Charlotte Selver in 1965", *USA Body Psychotherapy Journal*, vol. 3 (1), pp. 67-68.

Levinson, D. J., C. N. Darrow, E. B. Klein, M. H. Levinson y B. McKee (1978), *The Seasons of a Man's Life*, Ballantine, Nueva York.

Levy, C. D. (1995), *La educación superior y el estado en Latinoamérica. Desafíos privados al predominio público*, Cesu, Miguel Ángel Pórrua, México.

Lewis, T., F. Amini y R. Lannos (2000), *A General Theory of Love,* Vintage Books, Nueva York.

Lowen, A. (1958/1977), *The Language of the Body*, Collier Books, Nueva York.

Lowen, A. (1965/1977), *Love and Orgasm*, Collier Books, Nueva York.

Lowen, A. (1967/1978), *The Betrayal of the Body*, Collier Books, Nueva York.

Lowen, A. (1970/1980), *Pleasure*, Penguin Books, Middlessex, Inglaterra.

Lowen, A. (1972/1984), *La depresión y el cuerpo*, Alianza Editorial, Madrid.

Lowen, A. (1975/1978), *Bioenergetics*, Penguin Books, Middlessex, Inglaterra.

Lowen, A. (1980), *Fear of life*, McMillan, Nueva York.

Lowen, A. (1985), *Narcissism*, Collier, Nueva York.

Lowen, A. (1988), *El amor, el sexo y la salud del corazón*, Herder, Barcelona.

Lowen, A. (1990/1993), *La espiritualidad del cuerpo*, Paidós, Barcelona.

Lowen, A. 1995), *Joy*, Penguin, Nueva York.

Lowen, A. (2004), *Honoring the Body. The Autobiography of Alexander Lowen*, M. D., Bioenergetic Press, Alachaua, FL.

Lowen, A. y L. Lowen (1977), *The Way to Vibrant Health*, Harper Colophon, Nueva York.

Mahoney, M. J. (2001), "Behaviorism, Cognitivism and Constructivism: A Personal Narrative of Change Over 4 Decades", en M. R. Godfried, *How Therapists Change*, American Psychological Association, Washington, DC.

May, J. (2004), "The Outcome of Body Psychotherapy", *USA Body Psychotherapy Journal*, vol. 4, núm. 2 (98-119).

May, J. (2005), "Body Psychotherapy Under the Rashomon Gate", *USA Body Psychotherapy Journal*, vol. 4, núm. 1 (pp. 5-27).

Marcher, L., E. Jarlnaes, K. Münster y R. van Dijke (2007), "The Somatics of Touch", *USA Body Psychotherapy Journal*, volume 6), núm. 2, 2007.

Marlock, G. y H. Weiss (2005), "Preface: The Spectrum of Body Psychotherapy", en G. Marlock y H. Weiss (Eds.), Handbuch der Körperpsychotherapie, Shattauer, Stuttgart, Alemania. (La publicación de esta obra en inglés está en proceso. Se cita aquí una traducción provisional del prefacio proporcionada por Halko Weiss.)

Merriam-Webster Online, en http://www.merriam-webster.com/dictionary/embodies, consultado el 31 de enero de 2009.

Moreno, J. L. (1959/1966), *Psicoterapia de grupo y psicodrama*, Fondo de Cultura Económica, México.

Moreno, J . L. (1978), *Psicodrama*, Hormé, Buenos Aires.

Moreno, S. (2009), *Descubriendo mi sabiduría corporal*, edición del autor, Guadalajara.

Morris, D., P. Collet, P. Marsh y M. O'Shaghnessy (1979/1981), *Gestures. Their origins and distribution*, Triad Granada, Londres.

Navarro, F. (1988), *La Somatosicodinámica*, Orgón, Publicaciones Orgón de la Escuela Española de Terapia Reichiana, Valencia, España.

Navarro, F. (1991), *Somaticopsicodinámica das Biopatias*, Dumará, Río de Janeiro.

Navarro, F. (1993), *Metodología de la vegetoterapia caracteroanalítica*, Orgón, Publicaciones Orgón de la Escuela Española de Terapia Reichiana, Valencia, España.

Navarro, R. (1984), *Psicoenergética*, Limusa, México.

Navarro, R. (1999a), *Las emociones en el cuerpo*, Editorial Pax México Librería Carlos Cesarman, México.

Navarro, R. (1999b), *Psicoterapia corporal y psicoenergética*, Editorial Pax México Librería Carlos Cesarman, México.

Navarro, R. (2007), *Psicoenergética: Método de psicoterapia corporal* para integrar las emociones y el cuerpo, Editorial Pax México Librería Carlos Cesarman, México.

Norcross, J. C. (2005a), "A Primer of Psychotherapy Integration", en J. C. Norcross y M. R. Godfreid, *Handbook of Psychotherapy Integration. Second Edition*, Oxford University Press, Oxford, Inglaterra, pp. 3-23.

Norcross, J. C. (2005b), "The Psychotherapist's Own Psychotherapy: Educating and Developing Psychologists", *The American Psychologist*, 60(8), 840-850. Recuperado el 30 de marzo de 2010, de Academic Research Library (Document ID: 1012823361).

Oblitas, L. (1992), "Experiencias académicas en el diseño y conducción de un posgrado en terapia psicocorporal", en L. Oblitas (Coord.), *I Simposio de Terapia Psicocorporal y Desarrollo Humano*, Universidad Intercontinental, México.

Oblitas, L. y F. Ortiz (1992), *Revista Intercontinental de Psicología y Educación*, Número monográfico sobre Terapia psicocorporal, 4 (2).

Ogden, P., K. Minton y C. Pain (2006), *Trauma and the Body. A Sensorimotor Approach to Psychotherapy*, W. W. Norton & Co., Nueva York.

Ollendorf de Reich, I. (1969/1988), *Wilhelm Reich*. La vida de un heterodoxo, Gedisa, México.

Orlinsky, D. E., M. H. Rønnestad, U. Willutzku, J. D. Davis, P. Gerin, H. Ambühl *et al.* (2005), *How Psychotherapists Develop*, American Psychological Association, Washington, DC.

Ortiz, Fernando (1989), *"El Menú psicocorporal"*, *Páginauno. Suplemento político y económico del diario uno másuno*, 11 de junio de 1989 (6).

Ortiz, Fernando (1990), "El cuerpo y la psicoterapia", *Plural*, marzo de 1990 (45-47).

Ortiz, Fernando (1992), "El contacto físico en psicoterapia", *Revista Intercontinental de Psicología y Educación*, Número monográfico sobre Terapia psicocorporal, 4 (2), México, D.F.

Ortiz, Fernando (1992a), "Editorial", *Revista Intercontinental de Psicología y Educación*, vol. 5, núm. 2, 1992, Número monográfico sobre Terapia psicocorporal, México, D.F.

Ortiz, Fernando (1992b), "El contacto físico en la psicoterapia", *Revista Intercontinental de Psicología y Educación*, vol. 5, núm. 2, México, D.F.

Ortiz, Fernando (1992c), "La catarsis en la terapia psicocorporal", *Revista Intercontinental de Psicología y Educación*, vol. 5, núm. 2, México, D.F.

Ortiz, Fernando (1993), "Pasado, presente y futuro de la terapia psicocorporal en México", *I Simposio de terapia psicocorporal y desarrollo humano*, Universidad Intercontinental, México.

Ortiz, Fernando (1996), *Terapia psicocorporal y psicoanálisis*, Tesis de maestría, Universidad Iberoamericana, México.

Ortiz, Fernando (1995), "Prólogo", en J. Ramírez, *Psique y Soma*, ITESO UIA, Guadalajara, México.

Ortiz, Fernando (1996), "El papel del terapeuta respecto a la descarga emocional según tres diferentes modelos teóricos", *Energía, carácter y sociedad*, año XIV, núm. 20, vol. 14 (1 y 2), Valencia, España.

Ortiz, Fernando (1998a), "Avances en el estudio del movimiento del potencial humano", *Polis 96*, vol. 2, Universidad Autónoma Metropolitana, Unidad Iztapalapa, México.

Ortiz, Fernando (1998b), "Panorama actual de la terapia psicocorporal", en *La psicoterapia en sus múltiples aplicaciones*, Universidad Iberoamericana, México.

Ortiz, Fernando (1999), *La relación cuerpo mente*, Editorial Pax México Librería Carlos Cesarman, México.

Ortiz, Fernando (2007a), "Relación cuerpo-mente desde la psicoterapia corporal", en W.R. Eisenberg (coord.) (2007), *Corporeidad, Movimiento y Educación física 1992-2004 Estudios conceptuales*, Tomo I, UNAM, DGNAM, ESEF, COMIE, México.

Ortiz, Fernando (2007b), "Common Factors in Body Oriented Psychotherapy", *USA Body Psychotherapy Journal*, Vol. 6, (2) 4-12.

Ortiz, Fernando (2010), "A Tale of Four Body Psychotherapists: The Training and Practice of Mexican Practitioners", *USA Body Psychothterapy Journal*, vol. 9, núm. 1 (24-31).

Painter, J. (1987), *Integración Postural*, Editorial Pax México Librería Carlos Cesarman, México.

Perls, F. (1969/1972), *In and Out the Garbage Pail*, Bantam, Nueva York.

Perls, F., R. Hefferline y P. Goodman (1951/1977), *Gestalt Therapy*, Penguin Books, Middlessex, Inglaterra.

Pesso, A. (1997), "PBSP. Pesso-Boyden System Psychomotor", en Caldwell, C. (ed.), *Getting in Touch. The Guide to New Body-Centered Therapies*. (117-152), Quest Books, Wheaton, IL.

Pesso, A. (2013), "Filling the Holes-in-Roles of the Past With the Right People at the Right Time", *International Body Psychotherapy Journal*, vol. 12, núm. 2, otoño 2013, pp. 63-87.

Petzold, H. (2005), "The Informed Body – Embodied and Embedded. A Meta Concept for Body Therapy", en G. Marlock y H. Weiss (Eds.), *Handbuch der Körperpsychotherapie*, Shattauer, Stuttgart, Alemania. (La publicación de esta obra en inglés está en proceso. Se cita aquí una traducción provisional del prefacio proporcionada por Halko Weiss.)

Pierrakos, J. (1987), *Core Energetics. Developing the Capacity to Love and Heal*, Liferythm, Mendocino, CA.

Pina, M. y A. Pribaz (2007), "Toward Mind-Body Integration: The Organismic Psychotherapy of Malcolm Brown", *USABP Journal*, vol. 6, núm. 2, 2007 (12-14).

Poppeliers, W. y M. Broesterhuizen (2007), *Sexual Grounding Therapy*, Protocol Media Productions, Breda, Países Bajos.

Raknes, O. (1970/1990), *Wilhelm Reich y la Orgonomía*, Publicaciones Orgón de la Escuela Española de Terapia Reichiana, Valencia, España.

Ramanchandran, V. S. y S. Blakeslee (1998), *Phantoms in the Brain*, Harper, Nueva York.

Ramírez, A. (1985), *Psicodrama: teoría y práctica*. Diana, México.

Ramírez, A. (1995), *Psique y Soma. Terapia bioenergética*, iteso uia, Guadalajara, México.

Rand, M. (2004), "Experiencing: A Memoir", *USA Body Psychotherapy Journal*, vol. 3, (1), 69-74.

Rauch, S. L. (2005), A Descriptive Study on the Differences Between Body Psychotherapists and Traditional Counselors, tesis doctoral, Universidad de North Carolina en Charlotte.

Reich, W. (1949/1976), *Character Analysis*, Pocket Books, Nueva York.

Reich, W. (1942/1990), *La función del orgasmo. El descubrimiento del orgón*, Paidós, México.

Reich, W., M. Higgins y C. Raphael (Eds.) (1990), *Passion of Youth. An Autobiography 1897-1922*, Farrar, Strauss & Giroux, Nueva York.

Reich, W. y M. B. Higgins (1994) *Beyond Psychology. Letters and Journals* 1934-1939*)*, Farrar, Strauss & Giroux, Nueva York.

Reich, W. y M.B. Higgins, (1999) *American Odyssey. Letters and Journals 1040-1947,* New York: Farrar, Strauss & Giroux, Nueva York.

Reich, R. L. y W. F. Cornell (2009), "Wilhelm Reich and the Corruption of Ideals: A Discussion in the Context of Dusan Makavejev's *WR: Mysteries of the Organism", USABP Journal,* vol. 8, núm. 1, 2009 (11-18).

Ricci Bitti, P. E. y S. Cortesi (1977/1980), *Comportamiento no verbal y Comunicación*, Gustavo Gilli, Barcelona.

Rispoli, L. (1993), *Psicología Funzionale del Sé*, Astrolabio, Roma.

Rispoli, L. (1999), *Experience Basilari del Sé. Manuale delle techniche,* edición del autor, Catania, Italia.

Rispoli, L. (2004), *Esperienze Di Base E Svilupo del Sé*, Franco Angeli, Milán, Italia.

Rogers, C. (1962/1975), "The Interpersonal Relationship: The Core of Guidance", en C. Rogers y B. Stevens, *Person to Person. The Problem of Being Human,* Pocket Books, Nueva York, pp. 85-101.

Rogers, C. (1961), *On becoming a person*, Houghton Mifflin, Boston, MA.

Rogers, C. (1970), *Carl Rogers on Encounter Groups*, Harper and Row, Nueva York.

Rolef Ben Shahar, A. (2010), "The Relational Turn and Body-Psychotherapy. I. From Ballroom Dance to Five Rhythms. An Introduction to Relational Psychoanalysis and Psychotherapy", *USABP Journal,* vol. 9, núm. 1, pp. 41-50.

Rolef Ben Shahar, A. (2011), "The Relational Turn and Body Psychotherapy II. Something Old, Something New, Something Borrowed, Something Blue; Individual Selves and Dyadic Selves in Relational Body Psychotherapy", *USABP Journal,* vol. 10, núm. 1 (51-68).

Rolef Ben-Shahar, A. (2010), "The Relational Turn and Body-Psychotherapy I. From Ballroom Dance to Five Rhythms: An Introduction to Relational Psychoanalysis and Psychotherapy", *USA Body Psychotherapy Journal*, vol. 9, núm. 1, pp. 41-50.

Rolf, I. (1977), *Rolfing. The integration of human structure*, Harper & Row, Nueva York.

Rubenfeld, I. (1997), "Healing the Emotional/Spiritual Body: The Rubenfeld Synergy Method", en C. Caldwell (Ed.), *Getting in Touch. The Guide to New Body-Centered Therapies*, Quest Books, Wheaton, IL, pp. 179-210.

Rubenfeld, I. (2004), "An interview with Charlotte Selver and Charles Brooks", *USA Body Psychotherapy Journal*, vol. 3, (1), 24-32.

Ruitenbeek, H. (1970), *The New Group Therapies*, Discus Books, Published by Avon, Nueva York.

Rüsen, J. (2005), *History. Narration-Interpretation-Orientation*, Berghahn, Nueva York.

Sánchez Azuara, M. E. (2000), *El Yo y el nosotros. Los fenómenos grupales en el grupo de psicodrama*, Itaca, México.

Sandler, J., C. Dare y A. Holder (1973), *El paciente y el analista*, Paidós, Buenos Aires.

Secretaría General de Gobierno, Gobierno del Estado de Jalisco (2014), *Ley General de Salud Mental del Estado de Jalisco*.

Selver, C. (2004a), "On Being in Touch with Oneself", *USA Body Psychotherapy Journal*, vol. 3, (1), 11-16.

Selver, C. (2004a), "On Breathing", *USA Body Psychotherapy Journal*, vol. 3, (1), 17-21.

Serrano, X. (1990a), "El diagnóstico inicial-diferencial en la Orgonterapia desde una perspectiva postreichiana", *Energía Carácter y Sociedad*, vol. 8, núm. 2, Publicaciones Orgón, Valencia, España.

Serrano, X. (1990b), "Prólogo a la edición en castellano", en X. Serrano (2007), *Psicoterapia Breve Caracteroanalítica*, Biblioteca Nueva, Madrid.

Sesma, M. (2005), *Más allá del Equipo de Reflexión: cómo implementan los terapeutas los procesos reflexivos en la práctica privada*, Tesis de maestría, Universidad de las Américas, A. C., México, D. F.

Sharaf, M. (1983), *Fury on Earth. A Biography of Wilhelm Reich*, Saint Martin's Press/Marek, Nueva York.

Shepard, H. (1976), *Fritz*, Bantam, Nueva York.

Shutz, W. (1967), *Joy*, Grove Press, Nueva York.

Shutz, W. (1973), Todos somos uno, Amorrortu, Buenos Aires.

Siegel, D. (1999), *The Developing Mind*, Guilford Press, Nueva York.

Smith Benjamin, L. (2001), "A Developmental History of a Believer in History", en M. R. Godfried, *How Therapists Change,* American Psychological Association, Washington, DC, pp. 19-36.

Snyder, C. R., S. Michael y J. Cheavens (1999), "Hope as a Psychotherapeutic Foundation of Common Factors, Placebos and Expectancies", en *The Heart y Soul of Change. What Works in Therapy*, American Psychological Association, Washington, DC, pp. 179-200.

Staunton, T. (2002), "Introduction", en T. Stauton (Ed.), *Body Psychotherapy*, Brunner Routledge, East Sussex, Reino Unido.

Sykes Wylie, M. (2004), "Beyond Talk", *Psychotherapy Networker July/August 2004* (24-33).

Tallman, K. y A. Bohart (1999/2002), "The Client as a common factor: Clients as self-healers", en M. Hubble, B. Duncan y S. Miller, *The Heart and Soul of Change. What Works in Therapy*, American Psychological Association, Washington, DC.

Taylor, S. J. y R. Bogdan (1992), *Introducción a los métodos cualitativos de investigación*, Paidós, Barcelona.

Thompson, C. (1950/1983), *El psicoanálisis*, Fondo de Cultura Económica, México.

Totton, N. (2002), *Foreign Bodies: Recovering the History of Body Psychotherapy*, en T. Stauton (Ed.), *Body Psychotherapy*, Brunner Routledge, East Sussex, Reino Unido.

Totton, N. (2006), *"Democracy and Therapy"*, en http://homepages.3-c.coop/erthworks/democracy.pdf, consultada el 17 de diciembre de 2014.

usabp.org/displaycommon.cfm?an=1ysubarticlenbr=34), consultada el 16 de noviembre de 2007.

Van der Hart, H. y B. Friedman (1989), "A Reader's Guide to Pierre Janet: A Neglected Intellectual Heritage", *Dissociation*, 1989, 2(1), pp. 3-16.

Van der Kolk, B. (2006), "Foreword", en P. Ogden, K. Minton y C. Pain, *Trauma and the Body. A Sensorimotor Approach to Psychotherapy*, W. W. Norton & Co., Nueva York, pp. xxvii-xxxvi.

Vilar, J. y L. M. Elías (en prensa), "Primeros dispositivos conceptuales de las Psicoterapias Corporales", *Anuario de Investigación* 2009, **Departamento de Educación y Comunicación**, UAM Xochimilco, México.

Walker, B. (1977), *Body Magic*, Granada, Londres.

Weaver, J. (2004), "The Influence of Elsa Gindler on Body Psychotherapy and on Charlotte Selver", *USA Body Psychotherapy Journal*, vol. 3, (1), pp. 38-47.

Weber, M. (1905), *The Protestant Ethic and the Spirit of Capitalism*, recuperado el 4 de agosto de 2009 de http://xroads.virginia.edu/ ~HYPER/WEBER/WeberCH3.htm.

Weiss, H. (en prensa), "The Use of Mindfulness in Psychodynamic and Body Oriented Psychotherapy", *Submission to the Taylor and Francis International Journal of Body, Movement and Dance in Psychotherapy.*

Wilson, T. (2002), *Strangers to Ourselves*, Harvard, Belknap, Cambridge, MA.

Wolfe, B. E. (2001), en M. R. Godfreid, *How Therapists Change*, American Psychological Association, Washington, DC.

Young, C. (2005a), *What is Body Psychotherapy? A European perspective*, recuperado el 23 de agosto de 2005 de http://www.courtenay-young.com/.

Young, C. (2005b), *150 Years On: The History, Significance and Scope of Body-Psychotherapy Today*, recuperado el 23 de agosto de 2005 de http://www.courtenay-young.com/.

Young, C. (2005c), *The History of Body-Psychotherapy: Part 2: The Legacies of Reich and others*, recuperado el 23 de agosto de 2005 de http://www.courtenay-young.com/.

Young, C. (2005d), T*he History of Body Psychotherapy: Part 3: Future Directions,* recuperado el 23 de agosto de 2005 de http://www.courtenay-young.com/.

Young, C. (2008), "Body Psychotherapy in Europe: EABP and the EAP", *International Journal of Psychotherapy*, vol. 12 (3), pp. 67-74.

Young, C. (2010), "The Science of Body Psychotherapy: Part 2. The Current Situation" USABP *Body Psychotherapy Journal*, vol. 9, núm. 1, pp. 5-14.

Young, C. y M. Heller (2000), "The scientific 'what!' of psychotherapy: Psychotherapy is a craft, not a science!", *International Journal of Psychotherapy*, vol. 5, 2, pp. 113-132.

Young, C. y P. Pallaro (2008), "A dance across the Atlantic: correspondence on understanding the difference between definitions and whether dance/movement therapy is a body psychotherapy", *Body, Movement and Dance in Psychotherapy*, vol. 3, núm. 2, pp. 125-132.

Young, C. y G. Westland (2014a), "Shadows in the History of Body Psychotherapy: Part I", *International Body Psychotherapy Journal*, vol. 13, núm. I, primavera de 2014, pp. 3-30.

Young, C. y G. Westland (2014b), "Shadows in the History of Body Psychotherapy: Part II", *International Body Psychotherapy Journal*, vol. 13, núm. 2, primavera de 2014, pp. 18-28.

Zur, O. (2007), "Touch in Therapy and the Standard of Care in Psychotherapy and Counseling: Bringing Clarity to Illusive Relationships", *USA Body Psychotherapy Journal*, vol. 6, (2), pp. 61-94.

Esta obra se terminó de imprimir
en noviembre de 2016, en los Talleres de

IREMA, S.A. de C.V.
Oculistas No. 43, Col. Sifón
09400, Iztapalapa, D.F.